AF205852

Impressum
Verlag: BABADADA GmbH, Nedderfeld 112 , 22529 Hamburg
Geschäftsführer / Verlagsleitung: Harald Hof
Druck: Books on Demand GmbH, In de Tarpen 42, 22848 Norderstedt

Imprint
Publisher: BABADADA GmbH, Nedderfeld 112 , 22529 Hamburg, Germany
Managing Director / Publishing direction: Harald Hof
Print: Books on Demand GmbH, In de Tarpen 42, 22848 Norderstedt

σχολείο
dibistan

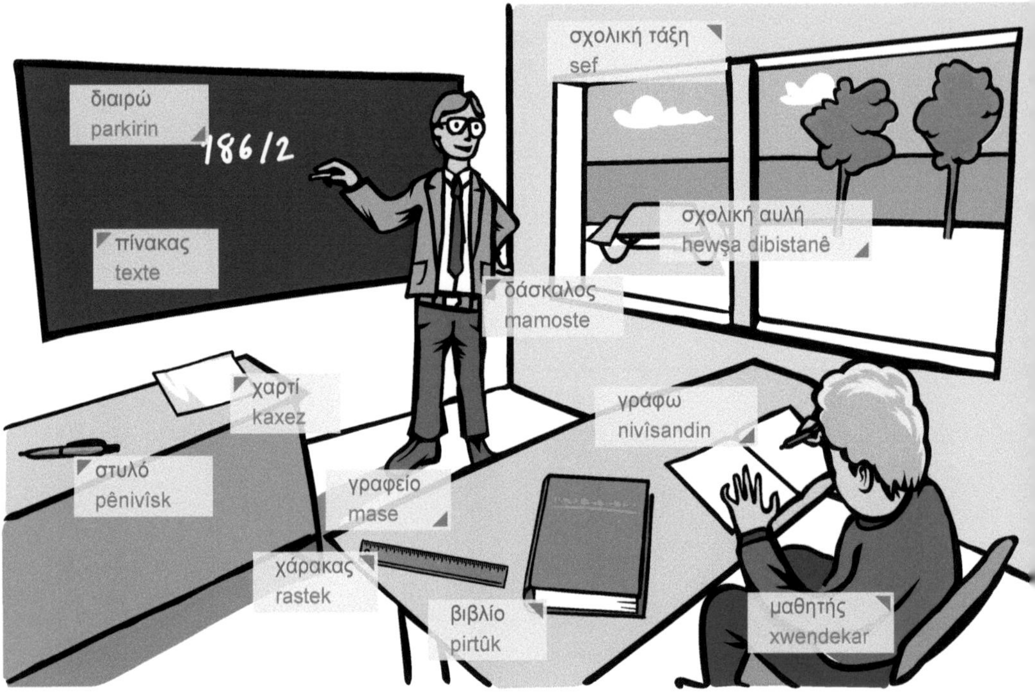

σχολική τάξη
sef
διαιρώ
parkirin
186/2
πίνακας
texte
σχολική αυλή
hewşa dibistanê
δάσκαλος
mamoste
χαρτί
kaxez
γράφω
nivîsandin
στυλό
pênivîsk
γραφείο
mase
χάρακας
rastek
βιβλίο
pirtûk
μαθητής
xwendekar

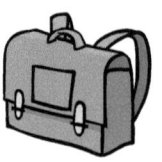

σχολική τσάντα

çewal

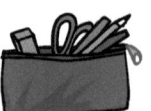

κασετίνα/ μολυβοθήκη

qûtî nivîstok

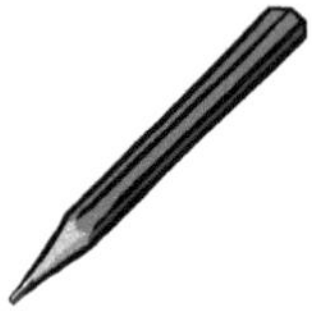

μολύβι

qelemrisas

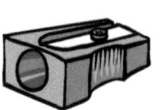

ξύστρα

nivîstok tûjkir

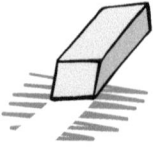

γόμα

jêbir

μπλοκ ζωγραφικής

nivîska nîgarê

ζωγραφική

nîgar

πινέλο

firçeya rengê

κουτί χρωμάτων

qûtî reng

ψαλίδι

meqes

κόλλα

lezaq

τετράδιο ασκήσεων

pirtûka fêrbûn

εργασία για το σπίτι

wezîfa malê

12

αριθμός

hejmar

2+2

προσθέτω

zêdekirin

5-2

αφαιρώ

derxistin

2✕2

πολλαπλασιάζω

zêdekirin

υπολογίζω

hesibandin

A

γράμμα

tîp

ABCDEFG HIJKLMN OPQRSTU VWXYZ

αλφάβητο

alfabe

hello

λέξη

peyv

κείμενο

nivîsê

διαβάζω

xwandin

κιμωλία

geç

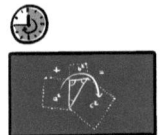

μάθημα

ders

εγγράφομαι

qeydkirin

τεστ

îmtîhan

πιστοποιητικό

şehade

μαθητική στολή

kinca dibistanê

εκπαίδευση

perwerdehî

εγκυκλοπαίδεια

zanistname

πανεπιστήμιο

zanîngeh

μικροσκόπιο

mîkroskûp

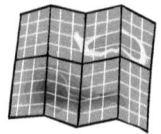

χάρτης

xerîte

καλάθι αχρήστων

sepeta kaxezê

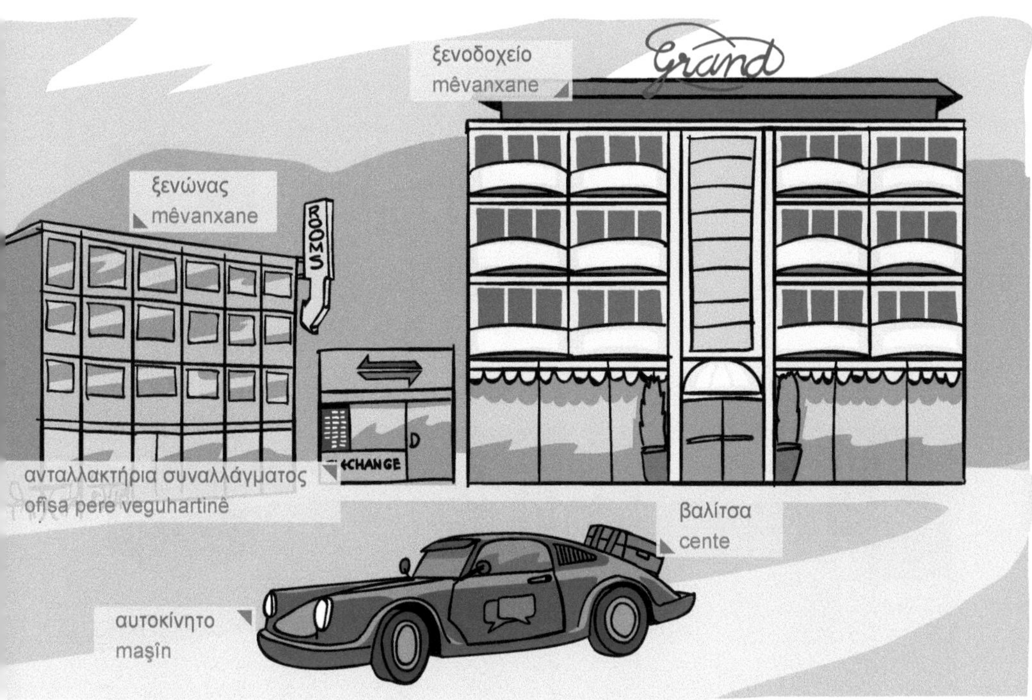

ξενοδοχείο
mêvanxane

ξενώνας
mêvanxane

ROOMS

ανταλλακτήρια συναλλάγματος
ofîsa pere veguhartinê

EXCHANGE

βαλίτσα
cente

αυτοκίνητο
maşîn

γλώσσα
ziman

ναι / όχι
belê / na

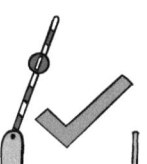

εντάξει
baş

γεια σου
silav

μεταφραστής
wergêra nivîskî

Ευχαριστώ
sipas

πόσο κάνει ;

bihayê … çi qase?

Δε καταλαβαίνω

ez fam nakim

πρόβλημα

pirsgirêk

Καλησπέρα!

êvarbaş!

Καλημέρα!

beyanî baş!

Καληνύχτα!

şev baş!

Αντίο

xatirê te

κατεύθυνση

alî

αποσκευές

hûrmûr

τσάντα

çente

σακίδιο πλάτης

çente pişt

καλεσμένος

mêvan

δωμάτιο

ode

υπνόσακος

came xew

σκηνή

çadir

τουριστικές πληροφορίες
agagiyên gerokan

παραλία
rexê avê

πιστωτική κάρτα
kartê qerzê

πρωινό
taştê

μεσημεριανό
firavîn

δείπνο
şîv

εισιτήριο
kart

ανελκυστήρας
asansor

γραμματόσημο
pûl

σύνορα
tixûb

τελωνείο
gumirk

πρεσβεία
balyozxane

βίζα
vîza

διαβατήριο
pasaport

μεταφορά
guhaztin

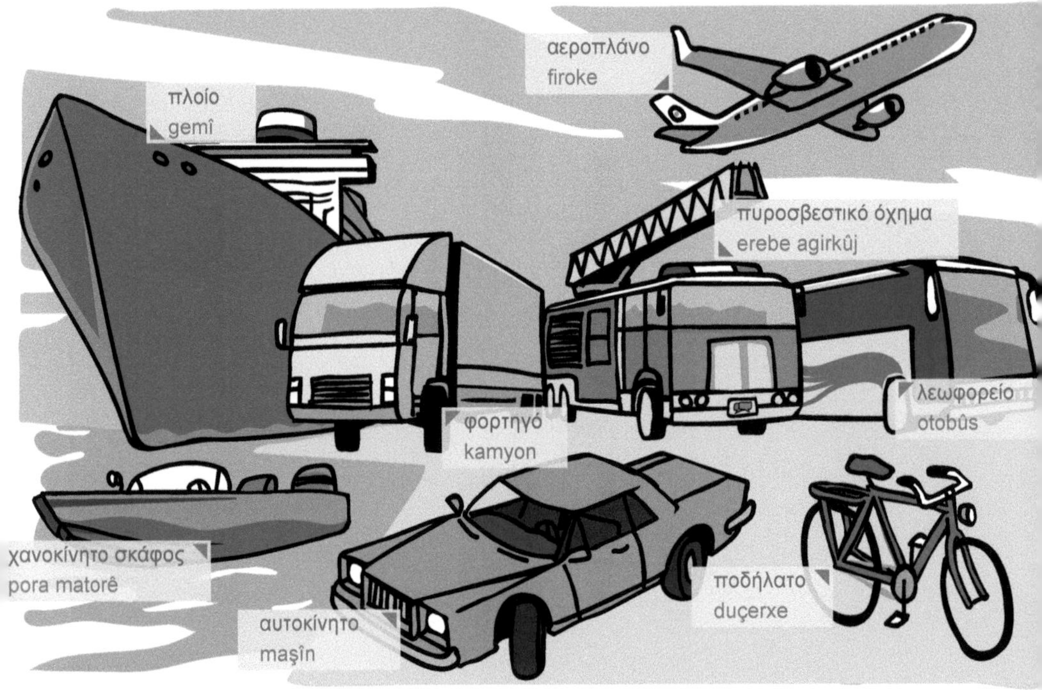

αεροπλάνο
firoke
πλοίο
gemî
πυροσβεστικό όχημα
erebe agirkûj
λεωφορείο
otobûs
φορτηγό
kamyon
χανοκίνητο σκάφος
pora matorê
ποδήλατο
duçerxe
αυτοκίνητο
maşîn

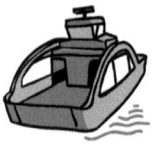

φεριμπότ

papor

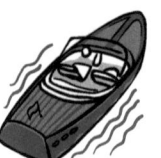

βάρκα

papor

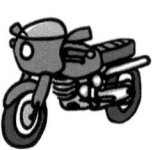

μοτοσικλέτα

motorsîklêt

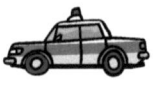

περιπολικό

trimbêla polîsê

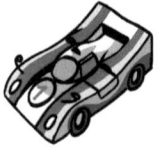

αγωνιστικό αυτοκίνητο

trimbêla pêşbaziyê

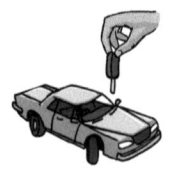

ενοικιαζόμενο αυτοκίνητο

erebe kirêkirinê

διαμοιρασμός αυτοκινήτων

maşîn pervekirin

γερανός

kamyona kişandinê

απορριμματοφόρο

kamyona xwelî

κινητήρας

motorsîklêt

καύσιμο

mazot

βενζινάδικο

îstegeha benzînê

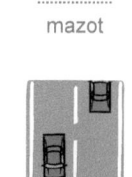

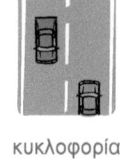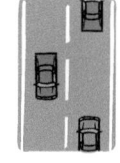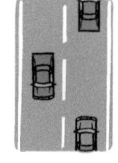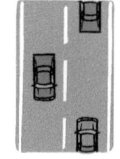

πινακίδα σήμανσης

tabloya tirafîkê

κυκλοφορία

hatinûçûn

κυκλοφοριακή συμφόρηση

tirafîk

χώρος στάθμευσης

cihê parkê

σιδηροδρομικός σταθμός

rawesteka trênê

σιδηροδρομικές γραμμές

rêç

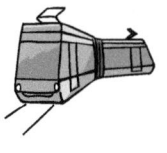

τρένο

trên

τραμ

trênê kolanê

βαγόνι

erebe

ελικόπτερο

babirok

αεροδρόμιο

balafirgeh

πύργος

birc

επιβάτης

misafir

εμπορευματοκιβώτιο

qûtî

χαρτοκιβώτιο

qûtî

καρότσι

girgirok

καλάθι

selik

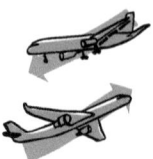

απογειώνομαι /
προσγειόνομαι

rabûn / nîştin

πόλη
bajar

χωριό

gund

κέντρο της πόλης

navenda bajarê

σπίτι

xanî

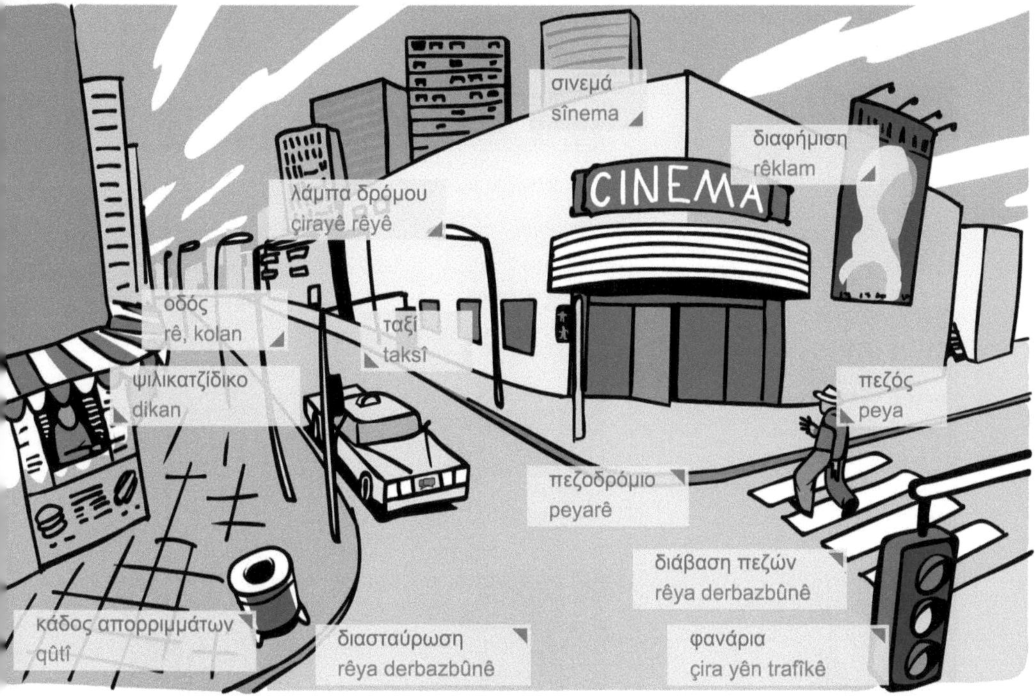

σινεμά
sînema

διαφήμιση
rêklam

λάμπα δρόμου
çirayê rêyê

CINEMA

οδός
rê, kolan

ταξί
taksî

ψιλικατζίδικο
dikan

πεζός
peya

πεζοδρόμιο
peyarê

διάβαση πεζών
rêya derbazbûnê

κάδος απορριμμάτων
qûtî

διασταύρωση
rêya derbazbûnê

φανάρια
çira yên trafîkê

καλύβα
kox

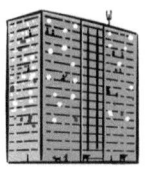

διαμέρισμα
xanî

σιδηροδρομικός σταθμός
rawesteka trênê

δημαρχείο
telara şarevanî

μουσείο
mûzexane

σχολείο
dibistan

πανεπιστήμιο

zanîngeh

τράπεζα

bank

νοσοκομείο

nexweşxane

ξενοδοχείο

mêvanxane

φαρμακείο

dermanxane

γραφείο

ofîs

βιβλιοπωλείο

kitêbfiroşî

κατάστημα

dikan

ανθοπωλείο

gulfiroş

σούπερ μάρκετ

bazar

αγορά

bazar

πολυκατάστημα

supermarket

ιχθυοπωλείο

masîfiroş

εμπορικό κέντρο

navenda kirrîn

λιμάνι

bender

πάρκο

park

παγκάκι

sekû

γέφυρα

pir

σκάλες

derince

μετρό

jêr erdê

τούνελ

tunnel

στάση λεωφορείου

îstgeha otobûs

μπαρ

bar

εστιατόριο

xwaringeh

γραμματοκιβώτιο

sindûqa postê

πινακίδα δρόμου

nîşanderka rêyê

παρκόμετρο

metra parkîngê

ζωολογικός κήπος

baxça heywanan

πισίνα

hewza melevanî

τζαμί

mizgeft

αγρόκτημα

cotgeh

ρύπανση

lewitandina derdor

νεκροταφείο

goristan

εκκλησία

kenîse

παιδική χαρά

erdê leyistinê

ναός

perestgeh

τοπίο
tebîet

φύλλο
gela

πινακίδα κατεύθυνσης
nîşanderka rê

δρόμος
rê

λιβάδι
mêrg

πέτρα
kevir

δέντρο
dar

πεζοπόρος
gerok

ποτάμι
çem

χορτάρι
giya

λουλούδι
kulîlk

κοιλάδα

dol

λόφος

gir

λίμνη

gol

δάσος

daristan

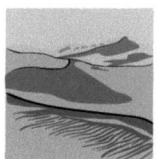

έρημος

beyaban

ηφαίστειο

volkan

κάστρο

keleh

ουράνιο τόξο

keskesor

μανιτάρι

kivark

φοίνικας

darqesp

κουνούπι

mixmixk

μύγα

mêş

μυρμήγκι

mêrî

μέλισσα

hing

αράχνη

pîrê

σκαθάρι

kêzik

βάτραχος

beq

σκίουρος

sihor

σκαντζόχοιρος

jîjok

λαγός

kerguh

κουκουβάγια

pepûk

πουλί

çivîk

κύκνος

qû

αγριογούρουνο

berazê kovî

ελάφι

pezkovî

άλκη

pezkovî

φράγμα

bendav

ανεμογεννήτρια

tûrbîna ba

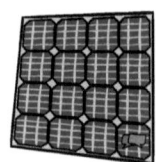

ηλιακός συλλέκτης

panela xorê

κλίμα

av û hewa

τοπίο - tebîet

εστιατόριο
xwaringeh

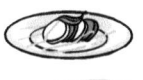

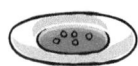

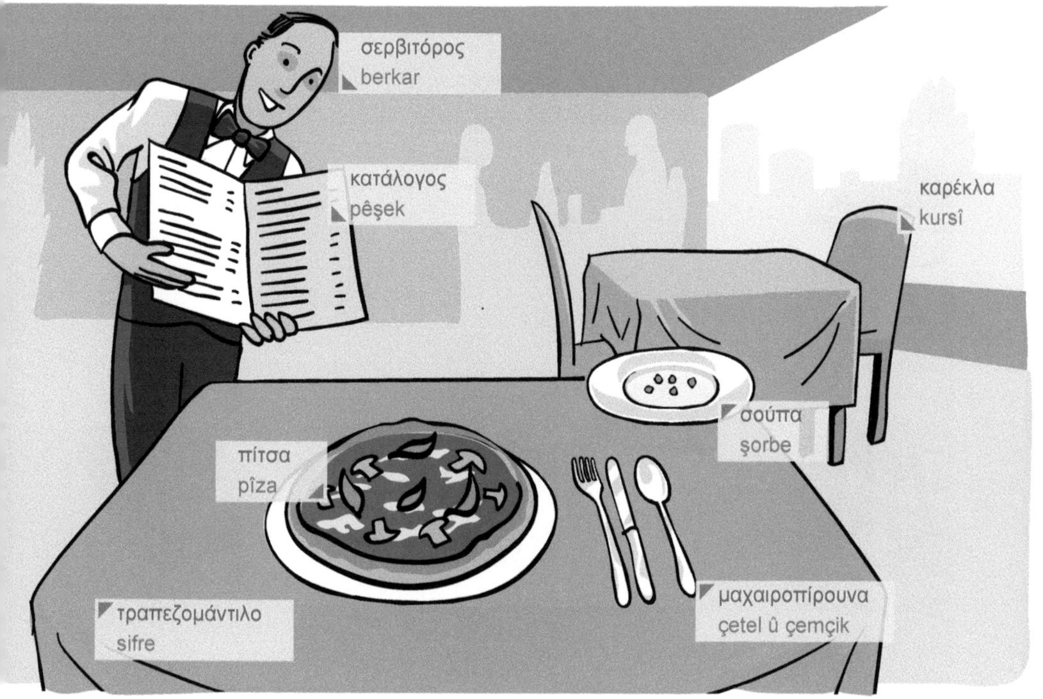
σερβιτόρος
berkar
κατάλογος
pêşek
καρέκλα
kursî
σούπα
şorbe
πίτσα
pîza
τραπεζομάντιλο
sifre
μαχαιροπίρουνα
çetel û çemçik

ορεκτικό
xwarina destpêk

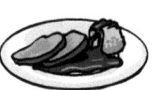

κύριο πιάτο
xwarina serekî

επιδόρπιο
şêranî

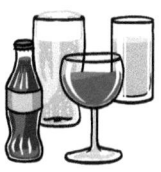

ποτά
vexwarinan

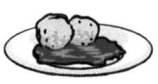

φαγητό
xwarin

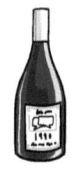

μπουκάλι
cam

φαστ φουντ

xwarina lez

φαγητό στ' όρθιο

xwarina rêyê

τσαγιέρα

çaydanik

δοχείο ζάχαρης

qûtî şekirê

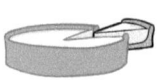

μερίδα

beş

μηχανή εσπρέσο

mekîna çêkirinê espresso

ψηλή καρέκλα

kursiya bilînd

λογαριασμός

hesab

δίσκος

sênî

μαχαίρι

kêr

πιρούνι

çetel

κουτάλι

kevçî

κουταλάκι του τσαγιού

kevçiya çay

πετσέτα φαγητού

pêşgir

ποτήρι

qedeh

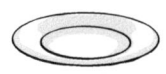

πιάτο

teyfik

πιάτο σούπας

teyfika şorbe

πιατάκι φλιτζανιού

piyale

σάλτσα

çênc

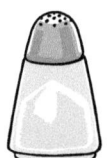

αλατιέρα

xwêdank

μύλος για πιπέρι

qûtî bîbar

ξύδι

sêk

λάδι

rûn

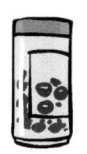

μπαχαρικά

biharat

κέτσαπ

ketçap

μουστάρδα

mustard

μαγιονέζα

mayonêz

σούπερ μάρκετ
bazar

προσφορά
pêşkêşên taybet
FOR
πελάτης
mişterî
γαλακτοκομικά προϊόντα
şîremenî
φρούτα
fêkî
καρότσι για ψώνια
erebe

BUTCHERS

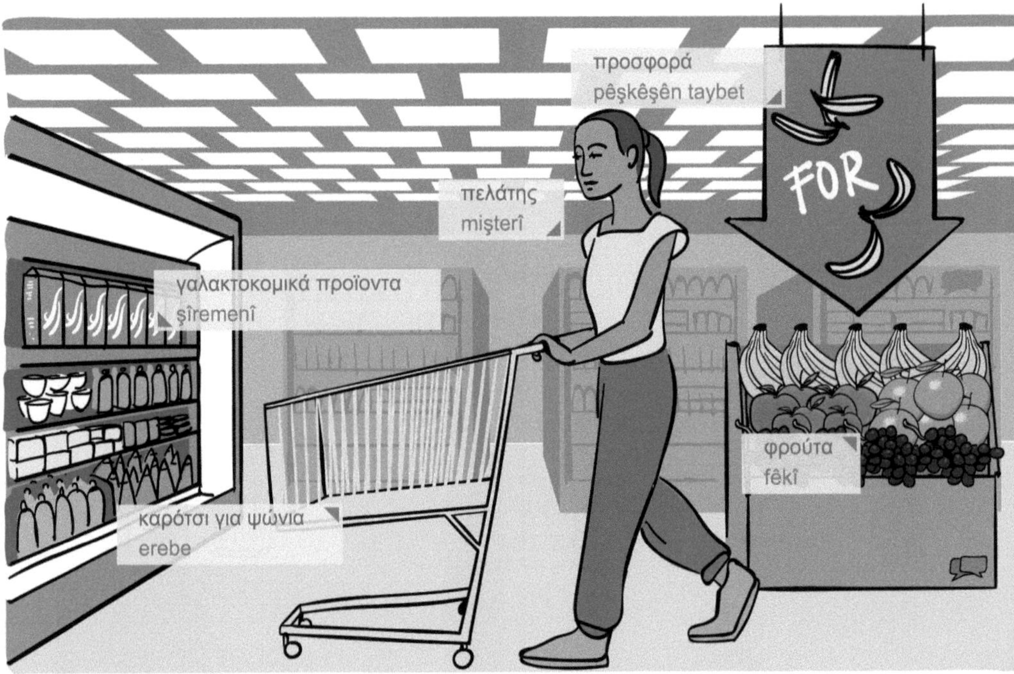

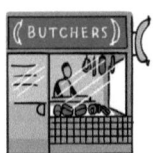

κρεοπωλείο

qesabî

BAKERY

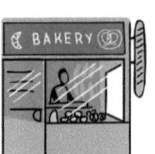

φούρνος

dikana nanpêj

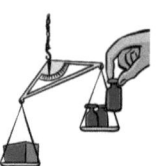

ζυγίζω

wezin kirin

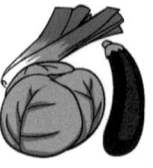

λαχανικά

sebze

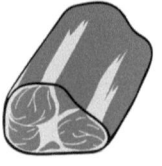

κρέας

goşt

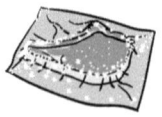

κατεψυγμένα τρόφιμα

xwarinê cemedî

αλλαντικά
goştê sar

κονσερβοποιημένη τροφή
xwarina pîlê

απορρυπαντικό ρούχων
xubarê paqijkirinê

γλυκά
şirînî

οικιακά είδη
berhemên navxweyî

καθαριστικά προϊόντα
berhemên paqijkirinê

πωλήτρια
firoşyar

ταμείο
xeznok

ταμίας
diravgir

λίστα για ψώνια
lîsta kirrînê

ωράριο λειτουργίας
demên vekirî

πορτοφόλι
cizdan

πιστωτική κάρτα
kartê qerzê

τσάντα
çewal

πλαστική σακούλα
çente

νερό

av

χυμός

şerbet

γάλα

şîr

κόκα κόλα

komir

κρασί

şerab

μπίρα

bîra

αλκοόλ

alkol

κακάο

kakwo

τσάι

çay

καφές

qehwe

εσπρέσο

espresso

καπουτσίνο

kapoçîno

μπανάνα

moz

μήλο

sêv

πορτοκάλι

pirteqalî

πεπόνι

gundor

λεμόνι

lîmon

καρότο

gêzer

σκόρδο

sîr

μπαμπού

qamir

κρεμμύδι

pîvaz

μανιτάρι

qarçik

ξηροί καρποί

gewîz

νουντλς

şihîre

μακαρόνια

spagêttî

ρύζι

birinc

σαλάτα

selete

πατατάκια

çîps

τηγανητές πατάτες

peteteya biraştî

πίτσα

pîza

χάμπουργκερ

hamburger

σάντουιτς

nanok

κοτολέτα

goştê stûyê berxî

ζαμπόν

goştê hişkkirî

σαλάμι

salamê

λουκάνικο

sosîs

κοτόπουλο

mirîşk

ψητό

bijartin

ψάρι

masî

χυλός βρώμης

şorbe bilûl

μούσλι

mûslî

κορν φλέικς

kertên gilgilan

αλεύρι

ard

κρουασάν

croissant

ψωμάκι

semûn

ψωμί

nan

τοστ

tost

μπισκότα

nanik

βούτυρο

nivîşk

τυρόπηγμα

mast

κέικ

kulîçe

αυγό

hêk

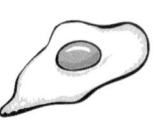

τηγανητό αυγό

hêka qelandî

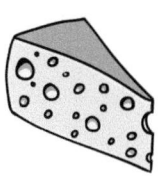

τυρί

penîr

παγωτό

dondirme

ζάχαρη

şekir

μέλι

hingiv

μαρμελάδα

mireba

άλλειμμα σοκολάτας

xameya nougat

κάρυ

kurrî

αγρόκτημα
cotgeh

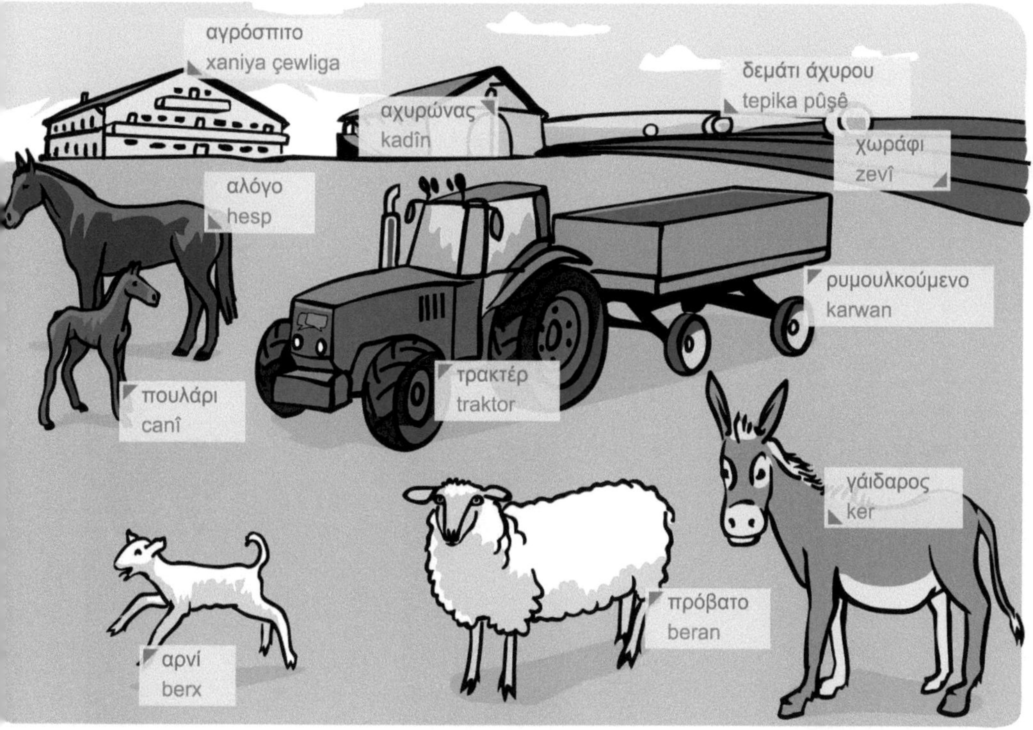
αγρόσπιτο
xaniya çewliga
αχυρώνας
kadîn
δεμάτι άχυρου
tepika pûşê
χωράφι
zevî
αλόγο
hesp
ρυμουλκούμενο
karwan
πουλάρι
canî
τρακτέρ
traktor
γάιδαρος
ker
πρόβατο
beran
αρνί
berx

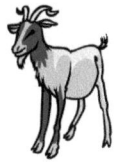

κατσίκα
bizin

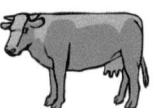

αγελάδα
çêlek

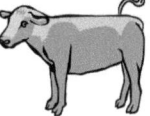

μοσχαράκι
golik

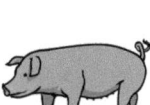

γουρούνι
beraz

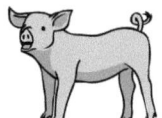

γουρουνάκι
xinzîrk

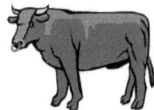

ταύρος
boxe

χήνα

qaz

πάπια

miravî

κοτοπουλάκι

cûçik

κότα

mirîşk

κόκορας

keleşêr

αρουραίος

circ

γάτα

kitik

ποντίκι

mişk

βόδι

ga

σκύλος

kûçik

σπιτάκι σκύλου

xaniya kûçikê

λάστιχο κήπου

xanî baxê

ποτιστήρι

qûtîka avdanê

θεριστήρι

şalûk

αλέτρι

gasin

αγρόκτημα - cotgeh

δρεπάνι

das

τσάπα

merbêr

δίκρανο

darsapik

τσεκούρι

bivir

χειράμαξα

destgere

ταΐστρα

qûtî xwarina candaran

δοχείο γάλακτος

qûtî şîr

σάκος

tûr

φράχτης

çeper

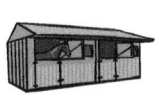

στάβλος

axur

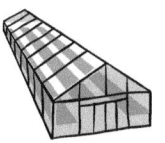

θερμοκήπιο

xana kulîlkan

έδαφος

ax

σπόρος

dendik

λίπασμα

peyn

θεριζοαλωνιστική μηχανή

kombayn

θερίζω
zad

συγκομιδή
zad

γιαμς
petete

σιτάρι
genim

σόγια
fasolî

πατάτα
petete

καλαμπόκι
dexl

κράμβη
dindik

οπωροφόρο δέντρο
darê fêkî

μανιόκα
sêvê bin erdê

δημητριακά
zad

σπίτι
xanî

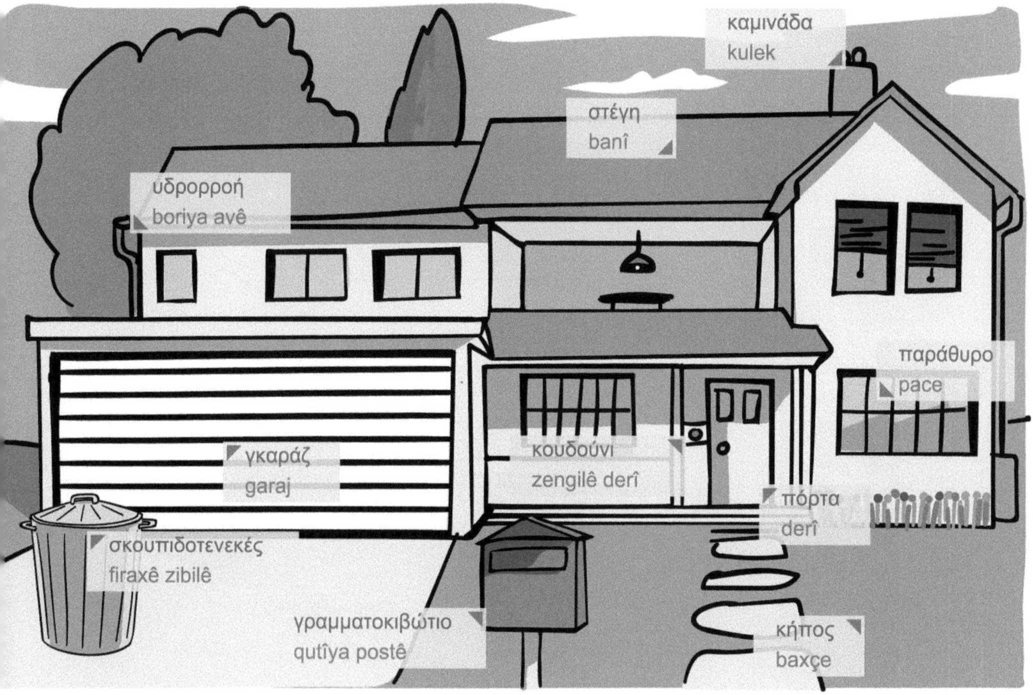

καμινάδα
kulek
στέγη
banî
υδρορροή
boriya avê
παράθυρο
pace
γκαράζ
garaj
κουδούνι
zengilê derî
πόρτα
derî
σκουπιδοτενεκές
firaxê zibilê
γραμματοκιβώτιο
qutîya postê
κήπος
baxçe

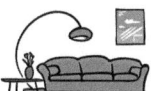

σαλόνι

oda rûniştinê

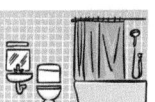

μπάνιο

hemam

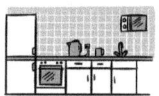

κουζίνα

metbex

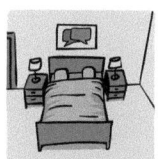

υπνοδωμάτιο

oda xewê

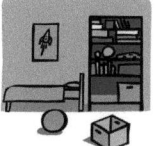

παιδικό δωμάτιο

odeya zarok

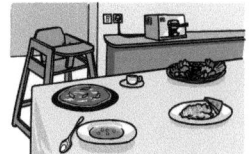

τραπεζαρία

oda şîvê

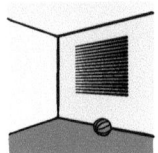

πάτωμα

binî

τοίχος

dîwar

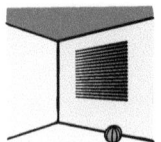

οροφή

berban

κελάρι

xenzik

σάουνα

sauna

μπαλκόνι

balkon

βεράντα

berdanik

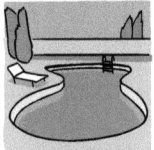

πισίνα

hewza melevanî

μηχανή του γκαζόν

çîmen birr

σεντόνι

melhefe

κάλυμμα κρεβατιού

betanî

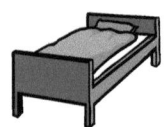

κρεβάτι

nivîn

σκούπα

gezik

κουβάς

satil

διακόπτης

kilîl

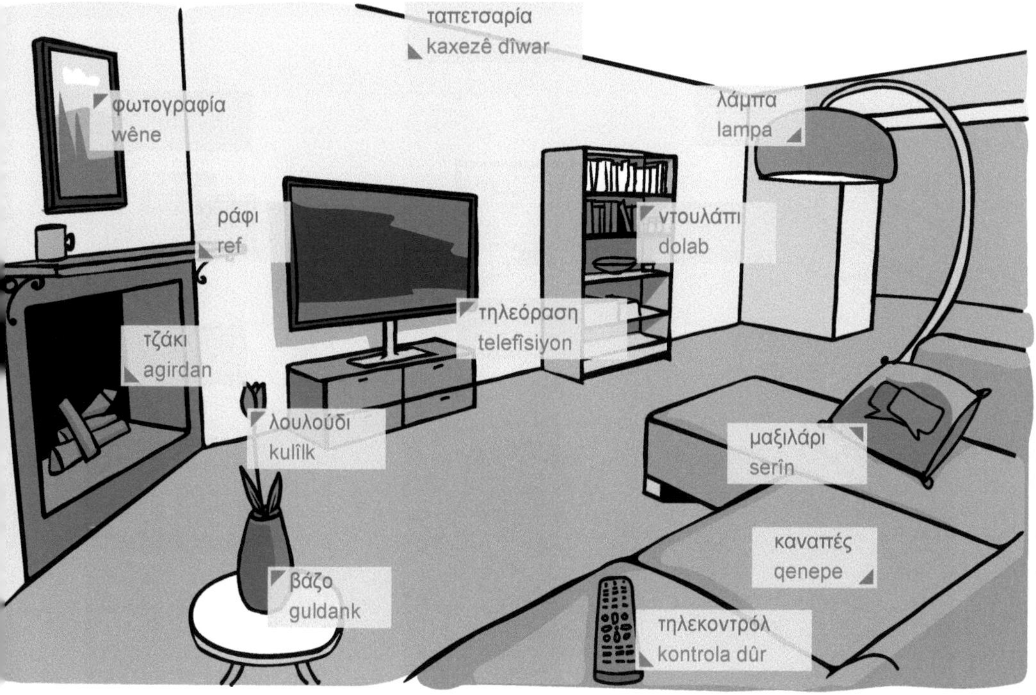

ταπετσαρία
kaxezê dîwar

φωτογραφία
wêne

λάμπα
lampa

ράφι
ref

ντουλάπι
dolab

τζάκι
agirdan

τηλεόραση
telefîsiyon

λουλούδι
kulîlk

μαξιλάρι
serîn

καναπές
qenepe

βάζο
guldank

τηλεκοντρόλ
kontrola dûr

χαλί
xalîçe

κουρτίνα
perde

τραπέζι
mêz

καρέκλα
kursî

κουνιστή πολυθρόνα
kursiya hejanok

πολυθρόνα
kursî

βιβλίο

pirtûk

κουβέρτα

betanî

διακόσμηση

xemilandin

καυσόξυλα

êzing

ταινία

fîlm

στερεοφωνικό σύστημα

hi-fi

κλειδί

kilîl

εφημερίδα

rojname

πίνακας ζωγραφικής

nîgar

αφίσα

poster

ραδιόφωνο

radyo

σημειωματάριο

defter

ηλεκτρική σκούπα

sivnika elektrîkî

κάκτος

kaktûs

κερί

mom

κουζίνα
metbex

ψυγείο
sarinc
φούρνος μικροκυμάτων
maykroveyv
ζυγαριά κουζίνας
teraziya metbexê
τοστιέρα
amûra nan germkirinê
απορρυπαντικό
pagijker
φούρνος
sobe
κατάψυξη
sarker
σκουπιδοτενεκές
firaxê zibilê
πλυντήριο πιάτων
firaqşok

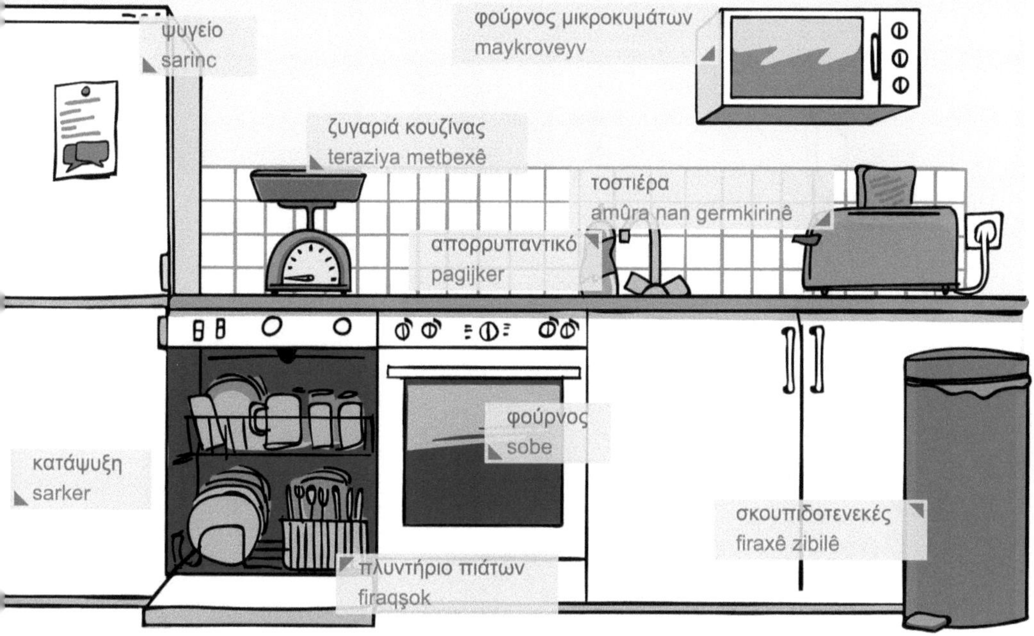

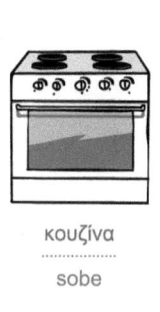

κουζίνα
sobe

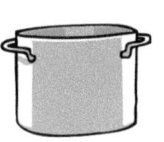

κατσαρόλα
aman

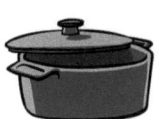

μαντεμένια κατσαρόλα
amaê ûtû

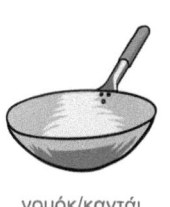

γουόκ/καντάι
firaqê mezin

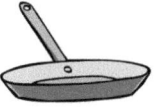

τηγάνι
dîzik

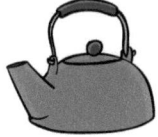

βραστήρας
kelînk

ατμομάγειρας

firaqê hilmê

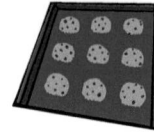

ταψί

sênî nanê

πιατικά

firaq

κούπα

piyale

μπολ

kasik

ξυλάκια

darê nanxwarin

κουτάλα

hesk

σπάτουλα

kevçiya mezin

ανακατεύω

rînek

σουρωτήρι

kefgîr

σουρωτηράκι

bêjing

τρίφτης

rêşker

γουδί

destar

ψησταριά

biraştin

ανοιχτή φωτιά

agirê vala

σανίδα κοπής

texteya birrînê

πλάστης

darikê tîrê

ανοιχτήρι φελλών

devik badek

κονσέρβα

qûtî

ανοιχτήρι κονσέρβας

qûtîvekir

γάντι φούρνου

cawê amanan

νεροχύτης

destşo

βούρτσα

firçe

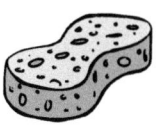

σφουγγάρι

parazoa

μπλέντερ

tevdêr

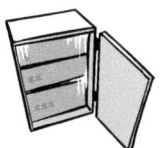

καταψύκτης

sarkerê cemedî

μπιμπερό

şûşe bebikan

βρύση

henefî

μπάνιο
hemam

θέρμανση
germijank
πετσέτα
xawlî
ντους
dûş
κουρτίνα ντουζ
perdeya hemamê
αφρόλουτρο
kefê hemam
μπανιέρα
hewza hemam
πλυντήριο ρούχων
cilşok
ποτήρι
qedeh
βρύση
henefî
πλακάκια
acûr
γιογιό
tiwaleta zarokan
νεροχύτης
destşo

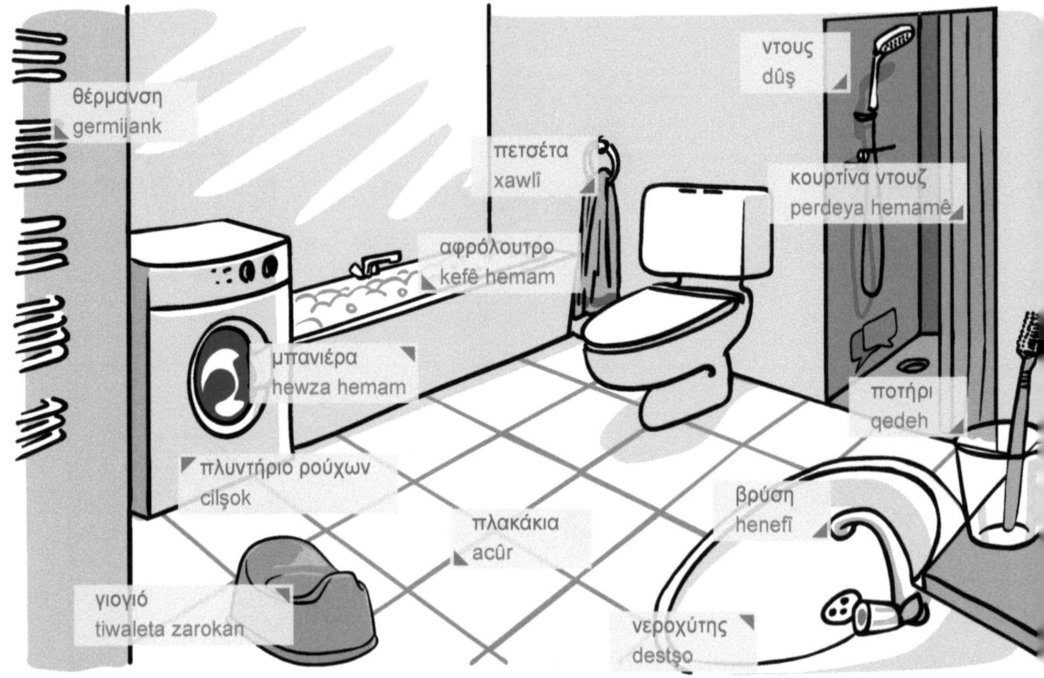

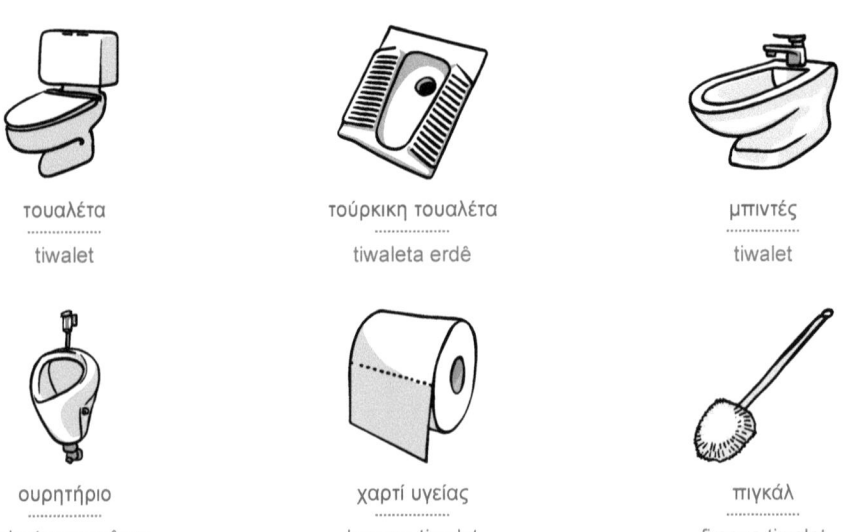

τουαλέτα

tiwalet

τούρκικη τουαλέτα

tiwaleta erdê

μπιντές

tiwalet

ουρητήριο

avdestxana mêran

χαρτί υγείας

kaxeza tiwalet

πιγκάλ

firşeya tiwalet

οδοντόβουρτσα

firçeya diran

οδοντόκρεμα

mecûna diran

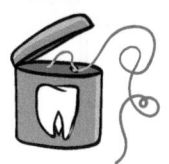

οδοντικό νήμα

nexa didan

πλένω

şûştin

τηλέφωνο ντους

dûşê destê

ντουσιέρα

dûş

λεκάνη

destşo

βούρτσα πλάτης

firça pişt

σαπούνι

sabûn

αφρόλουτρο

cêlê hemam

σαμπουάν

şampo

φανέλα

fanîle

σιφόνι

zêrab

κρέμα

kirêm

αποσμητικό

bêhn xweşkir

καθρέφτης

mirêk

καθρέφτης χειρός

mirêka destê

ξυραφάκι

gûzan

αφρός ξυρίσματος

kefê teraşînê

αφτερσέιβ

mecûna piştî teraşînê

χτένα

şeh

βούρτσα

firçe

σεσουάρ

por hîşikkir

λακ

sipraya porê

μακιγιάζ

kozmetîk

κραγιόν

soravk

βερνίκι νυχιών

rengê nînok

βαμβάκι

pembû

ψαλίδι νυχιών

meqesta nînok

άρωμα

parfûm

νεσεσέρ

çewalê hemamê

σκαμπό

kursiya bêpişt

ζυγαριά

terazî

μπουρνούζι

kinca hemamê

ελαστικά γάντια

lepika lastîkê

ταμπόν

tampon

πετσέτα υγιεινής

xawliya paqijkirinê

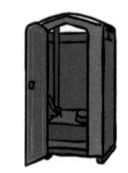

χημική τουαλέτα

tiwaleta kîmîyewî

παιδικό δωμάτιο
odeya zarok

ξυπνητήρι
demjimêrk
λούτρινο ζωάκι
lîstok
αυτοκινητάκι
maşîna lîstok
κουδουνίστρα
xişxişok
κουκλόσπιτο
mala lîstok
δώρο
xelat

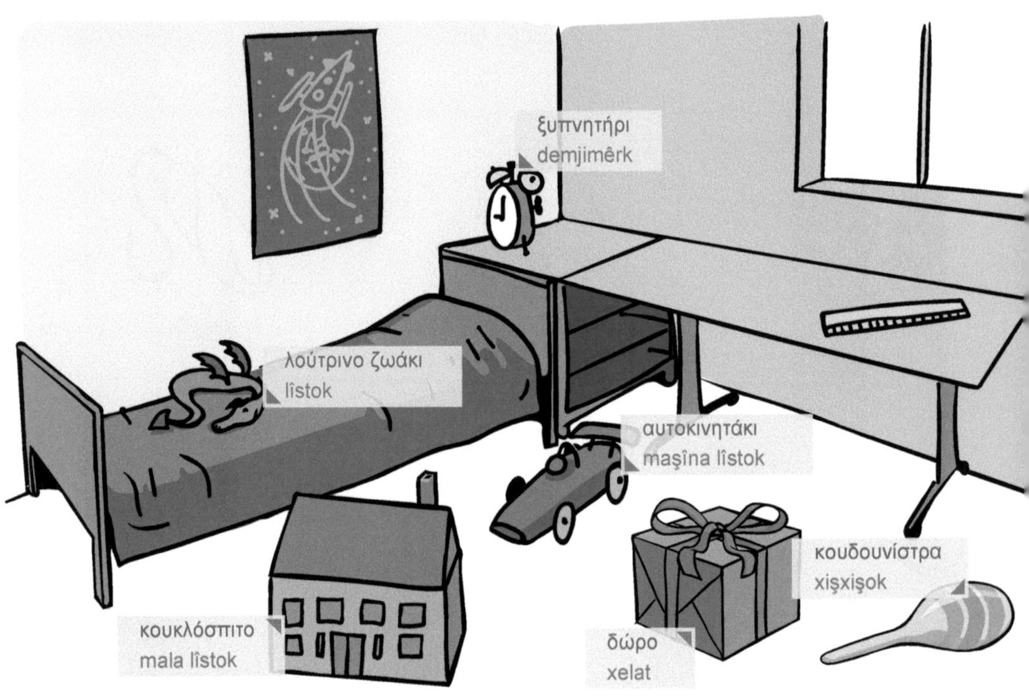

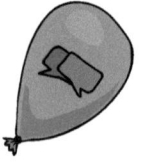

μπαλόνι

pifdank

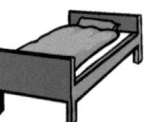

κρεβάτι

nivîn

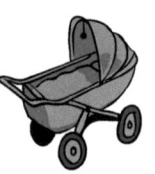

καροτσάκι

koçk

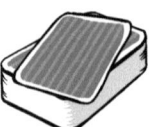

τράπουλα

lîstika kartê

παζλ

frîzbî

SUPER
MEGA

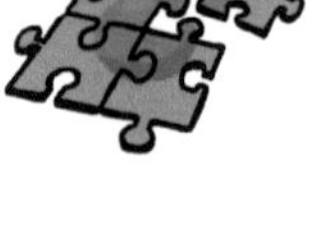

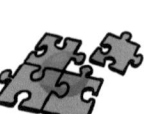

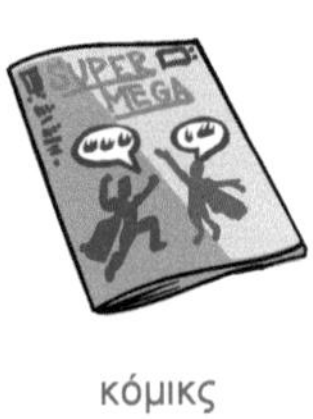

κόμικς

komîk

τουβλάκια lego

acûra lêgo

τουβλάκια κατασκευών

acûra lîstok

φιγούρα δράσης

bûke şûşe

βρεφικό φορμάκι

kinca bebikan

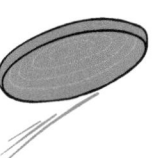

φρίσμπι

frizbee

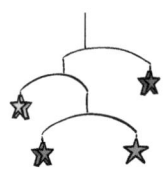

μόμπιλο

veguhestin

επιτραπέζιο παιχνίδι

lîstikên texte

ζάρια

mor

σετ τρενάκι

modêla trênê

πιπίλα

memik

πάρτι

cejn

εικονογραφημένο βιβλίο

kitêba wêne

μπάλα

top

κούκλα

bûke şûşe

παίζω

leyîstin

σκάμμα με άμμο

kuna xîzê

κούνια

colane

παιχνίδια

lîstokan

κονσόλα βιντεοπαιχνιδιών

lîstika vîdeoyî

τρίκυκλο

sêçerxe

αρκουδάκι

hirça lîstok

ντουλάπα

cildank

ρούχα
kinc

κάλτσες

gore

καλτσοδέτες

gore

καλσόν

derpêgorê

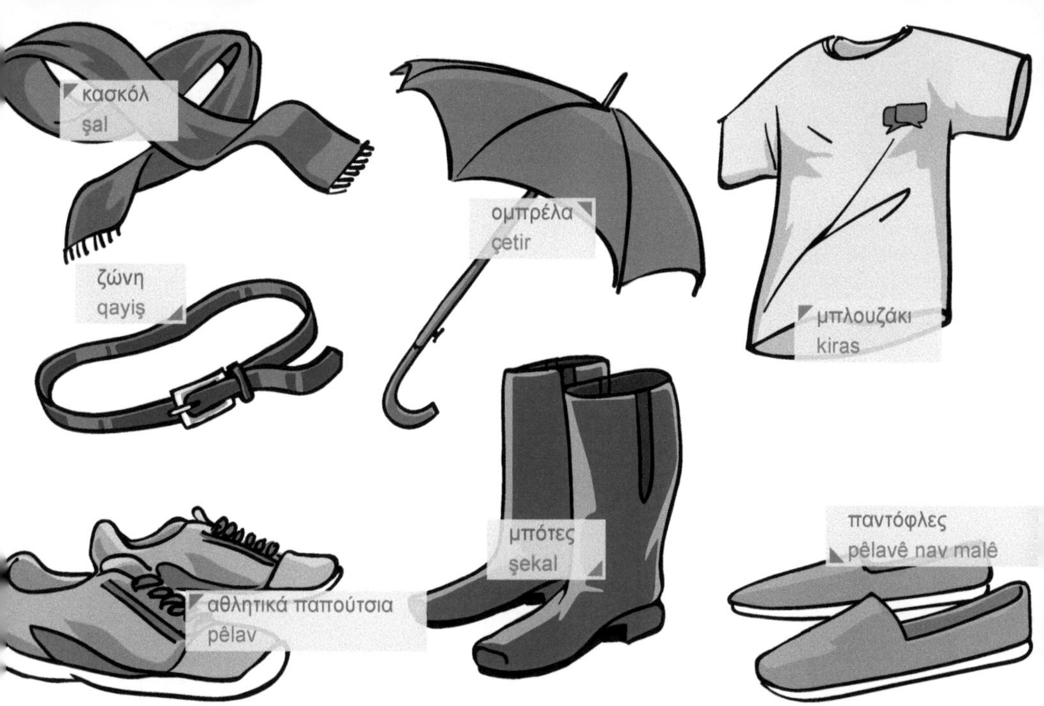

κασκόλ
şal

ζώνη
qayiş

ομπρέλα
çetir

μπλουζάκι
kiras

μπότες
şekal

παντόφλες
pêlavê nav malê

αθλητικά παπούτσια
pêlav

σανδάλια
solik

παπούτσια
sol

γαλότσες
potîna çermê

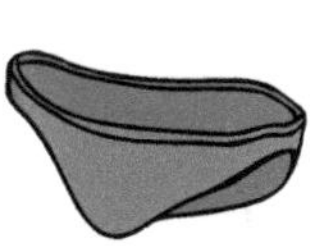

εσώρουχο
pantolê jêr

σουτιέν
pêsîrbend

φανέλα
çekbend

σώμα

cendek

παντελόνι

pantol

τζιν παντελόνι

jeans

φούστα

daman

μπλούζα

kiras

πουκάμισο

kiras

πουλόβερ

fanêle

πουλόβερ

fanêle

σακάκι

cakêt

μπουφάν

sako

παλτό

çaket

αδιάβροχο πανωφόρι

baranî

κοστούμι

lebas

φόρεμα

fîstan

νυφικό

cilê dawetê

κοστούμι

kostum

νυχτικό

pêcame

πιτζάμες

pêcame

σάρι

saree

μαντήλι

leçik

τουρμπάνι

mêzer

μπούρκα

hêram

καφτάνι

kaftan

μουσουλμανικό ένδυμα

eba

ολόσωμο μαγιό

kinca ajnêkirin

ανδρικό μαγιό

cilka melevanî

σορτς

şort

αθλητική φόρμα

cila hêvojkarî

ποδιά

pêşmal

γάντια

lepik

κουμπί

dûgme

γυαλιά

berçavik

βραχιόλι

bazin

περιδέραιο

gerdenî

δαχτυλίδι

gustîl

σκουλαρίκι

guhark

καπέλο

devik

κρεμάστρα

hilavistek

καπέλο

kûm

γραβάτα

kirawat

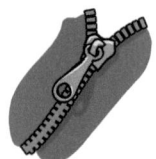

φερμουάρ

zîp

κράνος

serparêz

τιράντες

derzî

μαθητική στολή

kinca dibistanê

στολή

yûnîform

σαλιάρα
berdilk

πιπίλα
memik

πάνα
pundax

γραφείο
ofîs

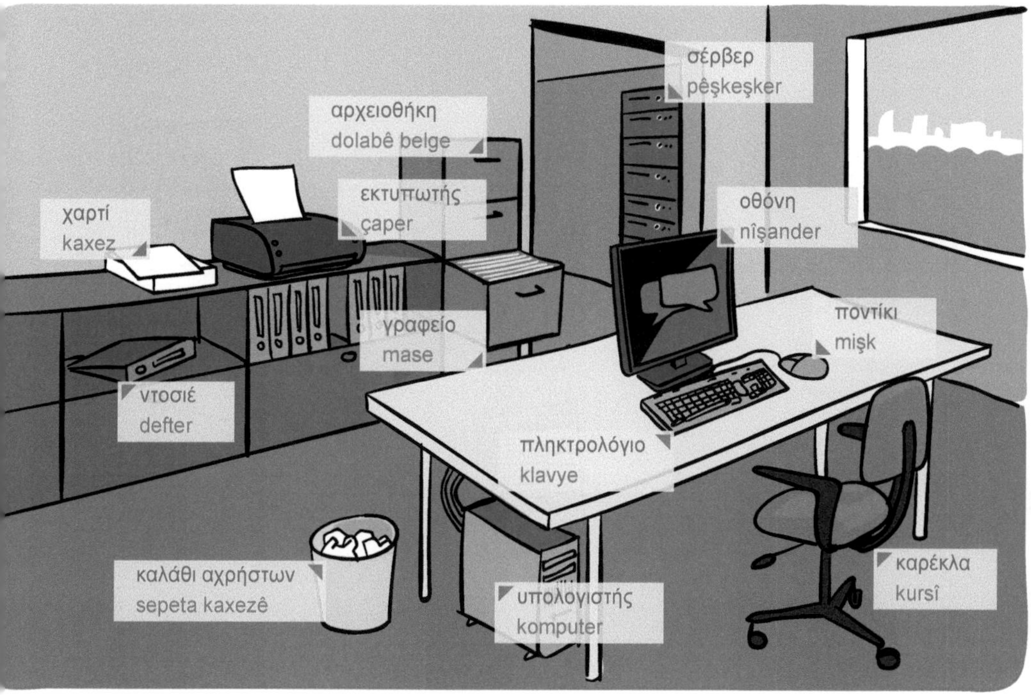

σέρβερ
pêşkeşker

αρχειοθήκη
dolabê belge

χαρτί
kaxez

εκτυπωτής
çaper

οθόνη
nîşander

γραφείο
mase

ποντίκι
mişk

ντοσιέ
defter

πληκτρολόγιο
klavye

καλάθι αχρήστων
sepeta kaxezê

υπολογιστής
komputer

καρέκλα
kursî

κούπα του καφέ
kasika qehwe

κομπιουτεράκι
hesabker

ίντερνετ
înternet

λάπτοπ

komputera laptop

γράμμα

name

μήνυμα

peyam

κινητό

telefona mobîl

δίκτυο

tor

φωτοτυπικό μηχάνημα

mekîna fotokopî

λογισμικό

software

τηλέφωνο

telefon

πρίζα

socketa fîşek

συσκευή φαξ

mekîna faxê

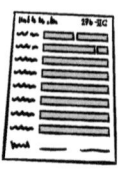

έντυπο

form

έγγραφο

belge

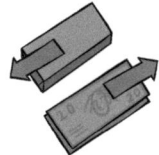

αγοράζω

standin

πληρώνω

pere dan

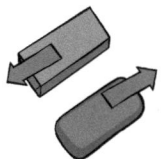

συναλλάσσομαι

bazirganî

χρήματα

pere

δολάριο

dollar

ευρώ

yoro

γιεν

yenê Japonê

ρούβλι

roblê Rûsî

ελβετικό φράγκο

firankê Swîsê

ρενμίνμπι γιουάν

yuanê Çînê

ρουπία

rûpee Hindî

ATM (αυτόματη ταμειακή μηχανή)

mekîna jixwebera dirav

ανταλλακτήρια
συναλλάγματος

ofîsa pere veguhartinê

χρυσός

zêrr

ασήμι

zîv

πετρέλαιο

neft

ενέργεια

wize

τιμή

biha

συμβόλαιο

peyman

φόρος

tax

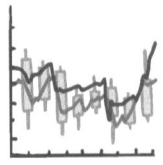

μετοχή

seham

δουλεύω

karkirin

υπάλληλος

karker

εργοδότης

karda

εργοστάσιο

fabrîka

κατάστημα

dikan

αστυνόμος
polîs

πυροσβέστης
agirkuj

μάγειρας
aşbaz

γιατρός
bijîşk

πιλότος
firokevan

κηπουρός

baxçevan

ξυλουργός

necar

μοδίστρα

dirûnvan

δικαστής

hakim

χημικός

şîmyazan

ηθοποιός

şanoger

οδηγός λεωφορείου

şufêrê basê

ταξιτζής

şufêrekî taksiyê

ψαράς

masîvan

καθαρίστρια

pagijker

τεχνίτης στεγών

çêkirê banî

σερβιτόρος

berkar

κυνηγός

nêçirvan

ζωγράφος

rengrês

αρτοποιός

nanpêj

ηλεκτρολόγος

karebavan

οικοδόμος

avaker

μηχανολόγος

endezyar

κρεοπώλης

qesab

υδραυλικός

lûlekar

ταχυδρόμος

postevan

στρατιώτης

esker

αρχιτέκτονας

mîmar

ταμίας

diravgir

ανθοπώλης

firotkara çîçekan

κομμωτής

porçêker

ελεγκτής εισιτηρίων

ajovan

μηχανικός

mekanîk

καπετάνιος

keştîvan

οδοντίατρος

pizîşka didanan

επιστήμονας

zanistyar

ραβίνος

rûhan

ιμάμης

îmam

μοναχός

keşe

ιερέας

keşîş

εργαλεία
amûran

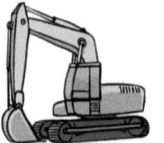

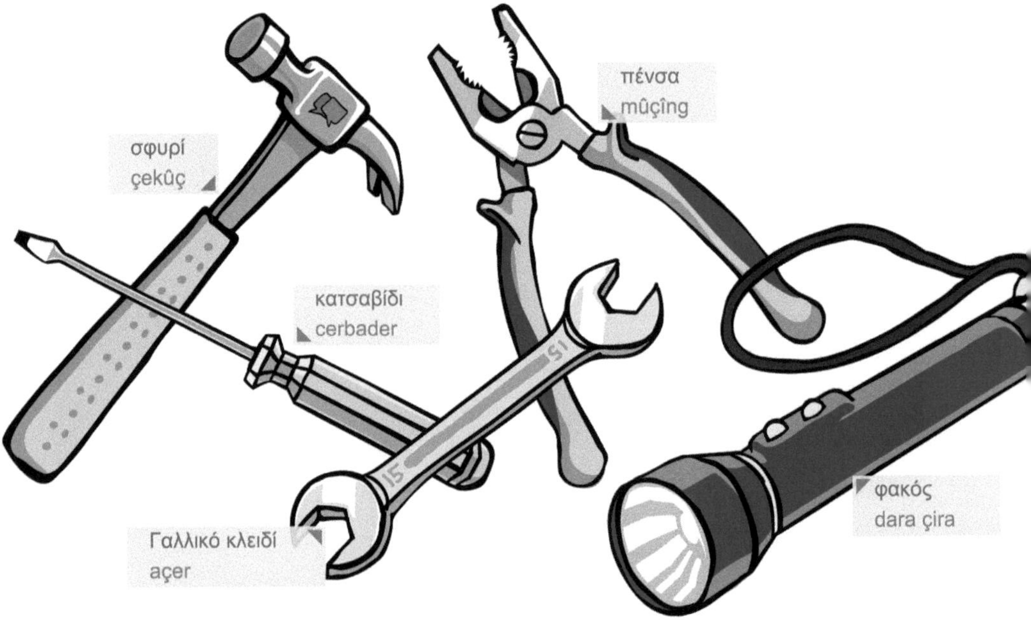
πένσα
mûçîng
σφυρί
çekûç
κατσαβίδι
cerbader
φακός
dara çira
Γαλλικό κλειδί
açer

εκσκαφέας

şofel

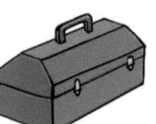

εργαλειοθήκη

qûtiya amûran

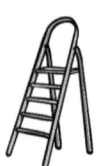

σκάλα

peyje

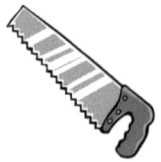

πριόνι

mişar

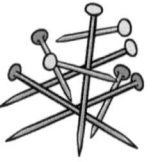

καρφιά

mîx

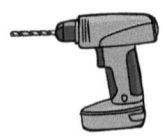

τρυπάνι

qulkirin

επισκευάζω

çêkirin

φτυάρι

merbêr

Να πάρει!

nalet!

φαράσι

bêl

δοχείο χρωμάτων

qûtiya rengê

βίδες

cerr

μουσικά όργανα
amûrên mûzîkê

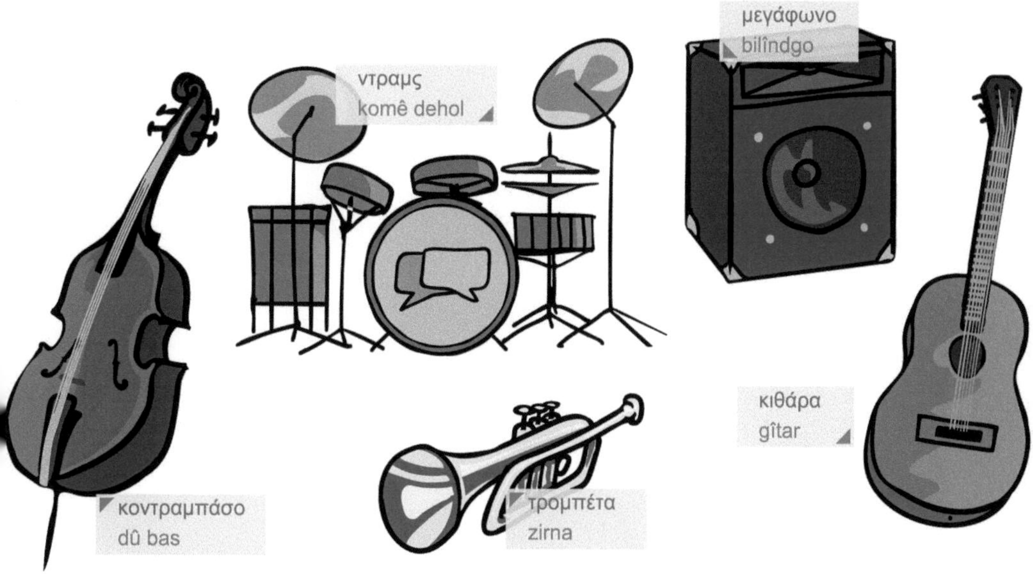

μεγάφωνο
bilîndgo

ντραμς
komê dehol

κοντραμπάσο
dû bas

τρομπέτα
zirna

κιθάρα
gîtar

πιάνο

piyano

βιολί

viyolîn

μπάσο

bas

τύμπανα

dehol

τύμπανο

dahol

πλήκτρα

keyboard

σαξόφωνο

saksofon

φλάουτο

bilûr

μικρόφωνο

mîkrofon

ζωολογικός κήπος
baxça heywanan

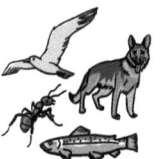

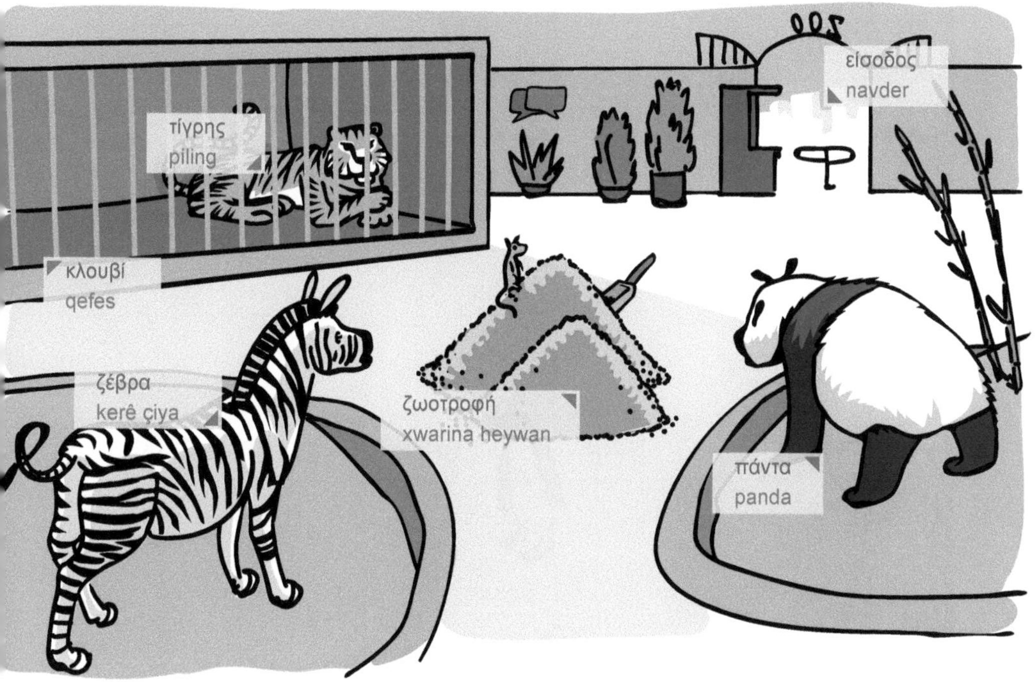

ZOO
είσοδος
navder
τίγρης
piling
κλουβί
qefes
ζέβρα
kerê çiya
ζωοτροφή
xwarina heywan
πάντα
panda

ζώα

heywan

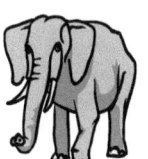

ελέφαντας

fîl

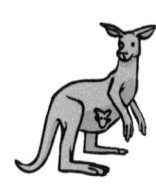

καγκουρό

kangarû

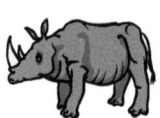

ρινόκερος

kerkeden

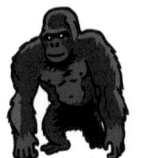

γορίλας

gorîl

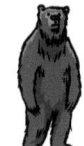

αρκούδα

hirç

καμήλα

hêştir

στρουθοκάμηλος

hêştirme

λιοντάρι

şêr

πίθηκος

meymûn

φλαμίνγκο

flamîngo

παπαγάλος

papaxan

πολική αρκούδα

hirça cemserî

πιγκουίνος

penguîn

καρχαρίας

semasî

παγώνι

tawûs

φίδι

mar

κροκόδειλος

timsah

φύλακας ζωολογικού κήπου

parêzera baxça ajalan

φώκια

seya derya

τζάγκουαρ

piling

πόνυ

hesp

λεοπάρδαλη

piling

ιπποπόταμος

hespê rûbar

καμηλοπάρδαλη

canhêştir

αετός

helo

αγριογούρουνο

berazê kovî

ψάρι

masî

χελώνα

kûsî

θαλάσσιος ίππος

walras

αλεπού

rovî

γαζέλα

xezal

Αμερικάνικο ποδόσφαιρο
fûtbolê Amerîka

ποδηλασία
bisiklêtan

αντισφαίριση
tenîs

μπάσκετ
baskêtbol

κολύμβηση
avjenîkirin

πυγχαμία
boxing

χόκεϋ επί πάγου
hokeya ser cemedê

ποδόσφαιρο	μπάντμιντον	στίβος
fûtbol	badminton	yê atletîzmê

χάντμπολ	σκι	πόλο
hendbol	befirajotin	polo

δραστηριότητες
çalakiyan

γελάω
kenîn
πηδάω
hilpeke
αγκαλιάζω
hembêz
περπατάω
birêveçûn
τραγουδάω
lawje gutin
ονειρεύομαι
xewn dîtin
προσεύχομαι
nimêj kirin
φιλάω
maçkirin

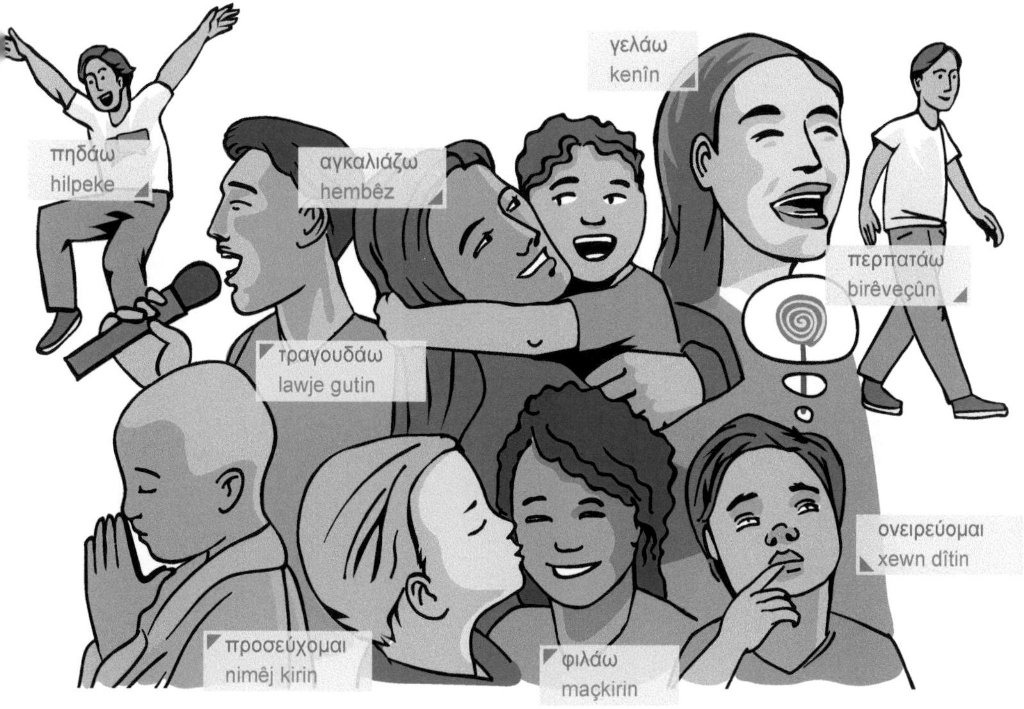

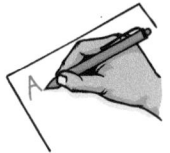

γράφω
nivîsandin

σχεδιάζω
nîgar kêşan

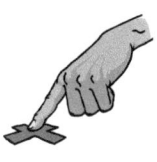

δείχνω
nîşan dan

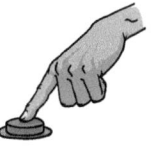

πιέζω
paldan

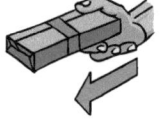

δίνω
dayîn

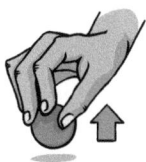

παίρνω
rakirin

έχω

heyîn

κάνω

kirin

είμαι

bûn

στέκομαι

sekinîn

τρέχω

bazdan

τραβάω

kişandin

ρίχνω

avêtin

πέφτω

ketin

ξαπλώνω

derew kirin

περιμένω

sekinîn

κουβαλώ

guhêztin

κάθομαι

rûniştin

φοράω

cil berkirin

κοιμάμαι

razan

ξυπνάω

rabûn

κοιτάω

mêze kirin

κλαίω

girîn

χαϊδεύω

celte

χτενίζω

şe kirin

μιλάω

peyvîn

καταλαβαίνω

famkirin

ρωτάω

pirskirin

ακούω

bihîstin

πίνω

vexwarin

τρώω

xwarin

συγυρίζω

kom kirin

αγαπάω

hezkirin

μαγειρεύω

xwarin çêkirin

οδηγώ

ajotin

πετάω

firrîn

κάνω ιστιοπλοΐα

kesştîvanî

υπολογίζω

hesibandin

διαβάζω

xwandin

μαθαίνω

hînbûn

δουλεύω

karkirin

παντρεύομαι

zewicîn

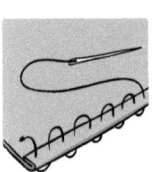

ράβω

dirûtin

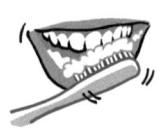

βουρτσίζω τα δόντια

didan şûtin

σκοτώνω

kuştin

καπνίζω

dûxan

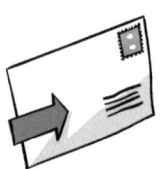

στέλνω

şandin

οικογένεια
malbat

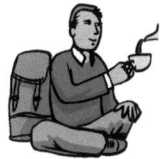

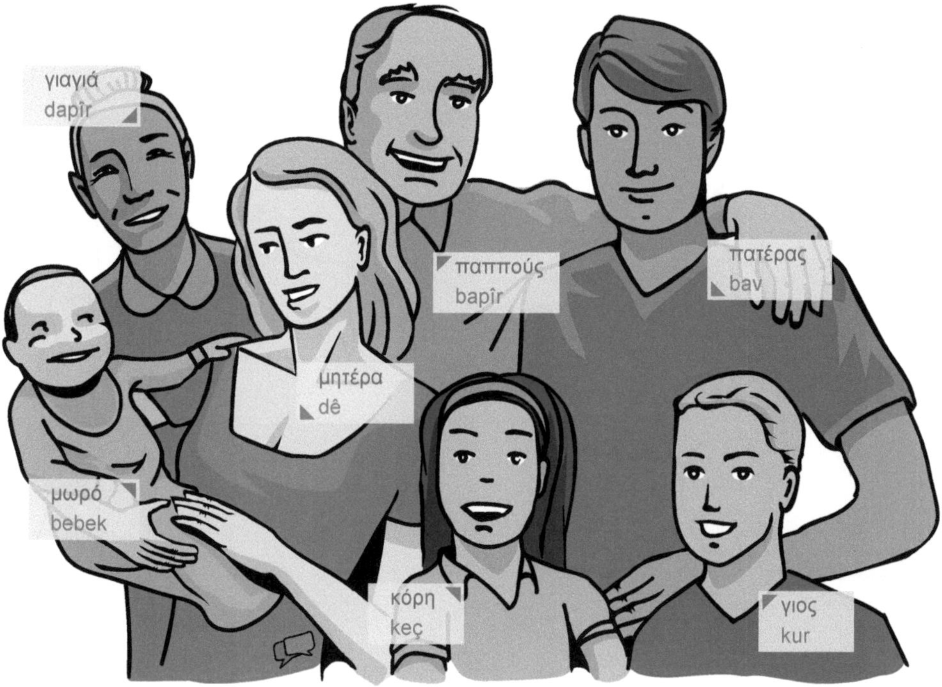

γιαγιά
dapîr
παππούς
bapîr
πατέρας
bav
μητέρα
dê
μωρό
bebek
κόρη
keç
γιος
kur

καλεσμένος

mêvan

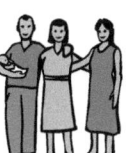

θεία

met

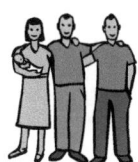

θείος

ap/xal

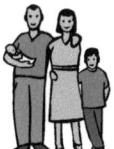

αδελφός

bira

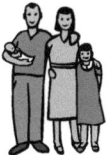

αδελφή

xwişl

σώμα

beden

μέτωπο
enî
μάτι
çav
ώμος
mil
δάχτυλο
tilî
πρόσωπο
rû
πιγούνι
zenî
χέρι
dest
πόδι
ling
στήθος
sîng
βραχίονας
pîl

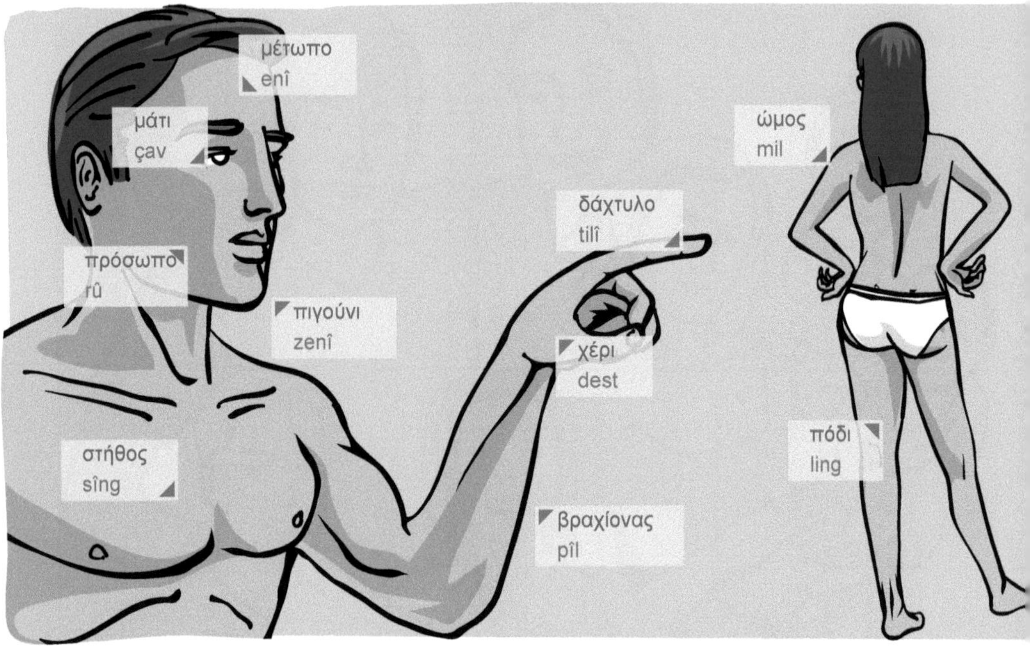

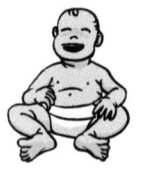

μωρό

bebek

άνδρας

mêr

γυναίκα

jin

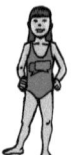

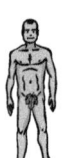

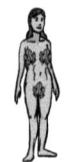

κορίτσι

keç

αγόρι

kor

κεφάλι

ser

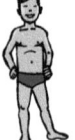

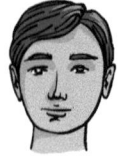

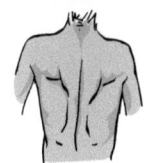

πλάτη

pişt

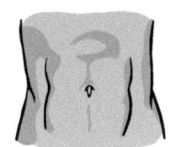

κοιλιά

zik

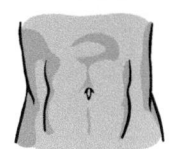

αφαλός

navik

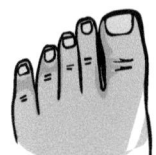

δάχτυλο ποδιού

tilîya pê

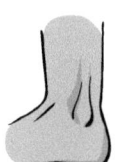

φτέρνα

panî

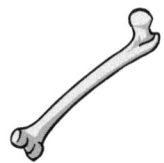

κόκκαλο

hestî

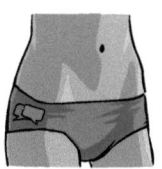

γοφός

kûlîmek

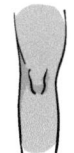

γόνατο

jûnî

αγκώνας

enîşk

μύτη

difn

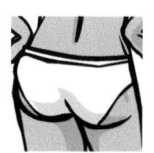

γλουτός

qûn

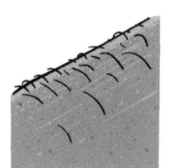

δέρμα

çerm

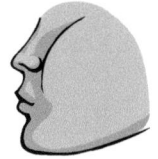

μάγουλο

rû

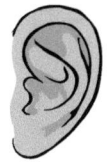

αυτί

gûh

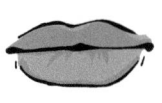

χείλος

lêv

στόμα
dev

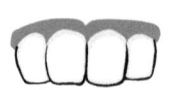

δόντι
diran

γλώσσα
ziman

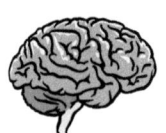

εγκέφαλος
mêjî

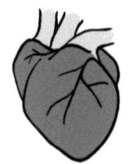

καρδιά
dil

μυς
masûl

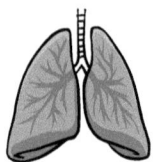

πνεύμονας
cîgera spî

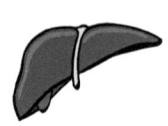

συκώτι
ceger

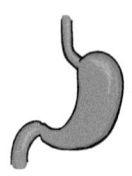

στομάχι
made

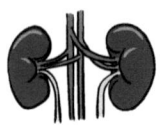

νεφρά
gûrçikan

σεξουαλική επαφή
cotbûn

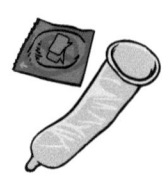

προφυλακτικό
kondom

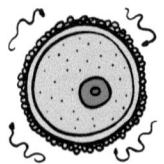

ωάριο
hêk

σπέρμα
tov

εγκυμοσύνη
dûcanî

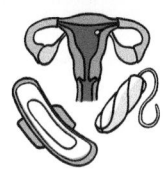

περίοδος

ade

γυναικείος κόλπος

qûz

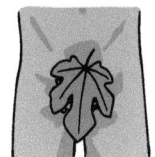

πέος

kîr

φρύδι

birû

μαλλιά

por

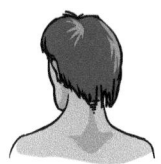

λαιμός

hûstû

νοσοκομείο
nexweşxane

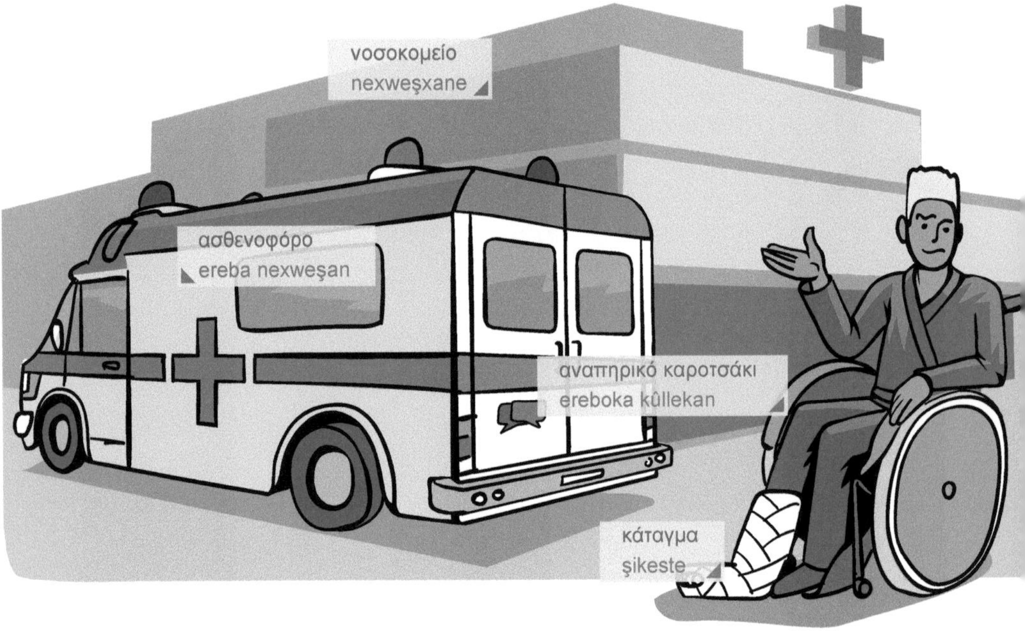

νοσοκομείο
nexweşxane
ασθενοφόρο
ereba nexweşan
αναπηρικό καροτσάκι
ereboka kûllekan
κάταγμα
şikeste

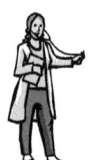

γιατρός

bijîşk

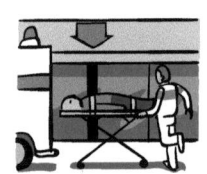

μονάδα εντατικής θεραπείας

oda lezgînê

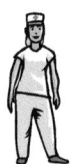

νοσοκόμα

nexweşyar

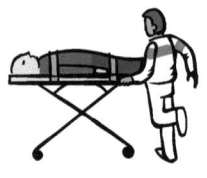

έκτακτη ανάγκη

acîlîyet

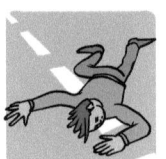

λιπόθυμος

bêhay

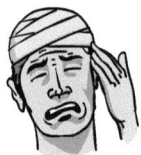

πόνος

êş

τραύμα

birîn

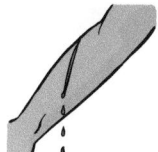

αιμορραγία

xwînpijan

έμφραγμα

hêrişa dilî

εγκεφαλικό

celte

αλλεργία

alerjî

βήχας

kuxik

πυρετός

ta

γρίπη

zikam

διάρροια

navçûyin

πονοκέφαλος

serêş

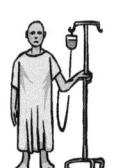

καρκίνος

qansêr

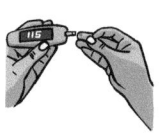

διαβήτης

nexweşiya şekirê

χειρουργός

emelîkar

νυστέρι

skalpêl

εγχείρηση

emelî

αξονική τομογραφία

CT

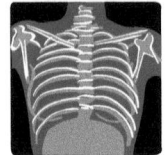

ακτινογραφία

sûretê rontgên

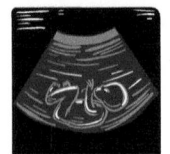

υπέρηχος

ûltrasawnd

μάσκα

maskê rûyê

ασθένεια

nexweşî

αίθουσα αναμονής

oda sekinînê

πατερίτσα

goçan

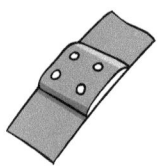

χάνσαπλαστ

şêl

επίδεσμος

paçê birînpêçanê

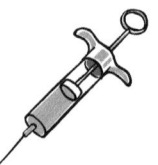

ένεση

derzî

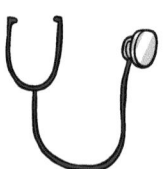

στηθοσκόπιο

bîstoka pizîşkî

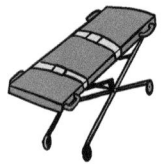

φορείο

darbest

θερμόμετρο

têhnpîva klînîkê

γέννηση

zayîn

υπέρβαρο

qelew

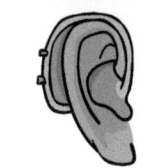

ακουστικό βαρηκοΐας

alîkariya bihîstinê

αντισηπτικό

bakterîkuj

λοίμωξη

kotîbûn

ιός

vîrûs

HIV/AIDS

HIV / AIDS

φάρμακο

derman

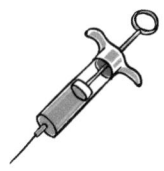

εμβολιασμός

kutan

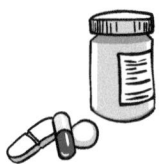

δισκία

heban

χάπι

heb

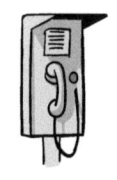

κλήση έκτακτης ανάγκης

lezgîn

πιεσόμετρο αίματος

dîmenderê pesto xwîn

άρρωστος / υγιής

nexweş / sax

Βοήθεια!
Hewar!

συναγερμός
alarm

βιαιοπραγία
êrîş

επίθεση
êrîşkirin

κίνδυνος
talûk

έξοδος κινδύνου
derketina acil

Φωτιά!
agir!

πυροσβεστήρας
agir vemirandinê

ατύχημα
qeza

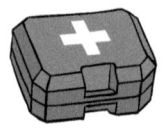
κουτί πρώτων βοηθειών
aletên alîkariya yekem

SOS
SOS

αστυνομία
polîs

Ευρώπη

Ewropa

Βόρεια Αμερική

Amerîkaya Bakûr

Νότια Αμερική

Amerîkaya Başûr

Αφρική

Afrîka

Ασία

Asya

Αυστραλία

Awustralya

Ατλαντικός Ωκεανός

Atlantîk

Ειρηνικός Ωκεανός

Okyanûsa Mezin

Ινδικός Ωκεανός

Okyanûsa Hindî

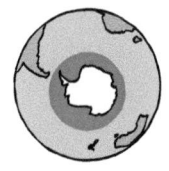

Ανταρκτικός Ωκεανός

Okyanûsa Antarktîka

Αρκτικός Ωκεανός

Okyanûsa Arktîk

Βόρειος Πόλος

Cemsera Bakûr

Νότιος Πόλος

Cemsera Başûr

Ανταρκτική

Antarktîka

Γη

erd

γη

ax

θάλασσα

behir

νησί

dûrge

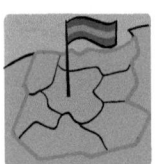

έθνος

milllet

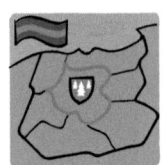

πολιτεία

welat

καντράν ρολογιού

rûyê saet

ωροδείκτης

nişanderka demjimêr

λεπτοδείκτης

nişanderka deqe

δείκτης δευτερολέπτων

nişanderka saniye

Τι ώρα είναι;

Seet çende?

ημέρα

roj

χρόνος

dem

τώρα

niha

ψηφιακό ρολόι

saetê dicîtal

λεπτό

deqe

ώρα

seet

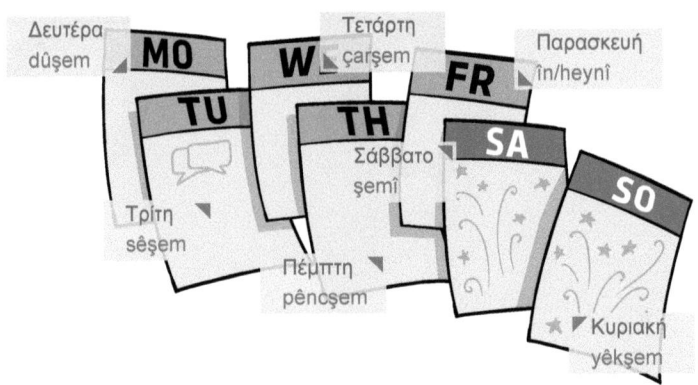

Δευτέρα dûşem
Τρίτη sêşem
Τετάρτη çarşem
Πέμπτη pêncşem
Παρασκευή în/heynî
Σάββατο şemî
Κυριακή yêkşem

χθες
....
duh

σήμερα
....
îro

αύριο
....
sibey

πρωί
....
sibe

μεσημέρι
....
nîvro

βράδυ
....
êvar

MO	TU	WE	TH	FR	SA	SU
1	2	3	4	5	6	7
8	9	10	11	12	13	14
15	16	17	18	19	20	21
22	23	24	25	26	27	28
29	30	31	1	2	3	4

εργάσιμες ημέρες
....
rojên karê

MO	TU	WE	TH	FR	SA	SU
1	2	3	4	5	6	7
8	9	10	11	12	13	14
15	16	17	18	19	20	21
22	23	24	25	26	27	28
29	30	31	1	2	3	4

Σαββατοκύριακο
....
dawiya hefte

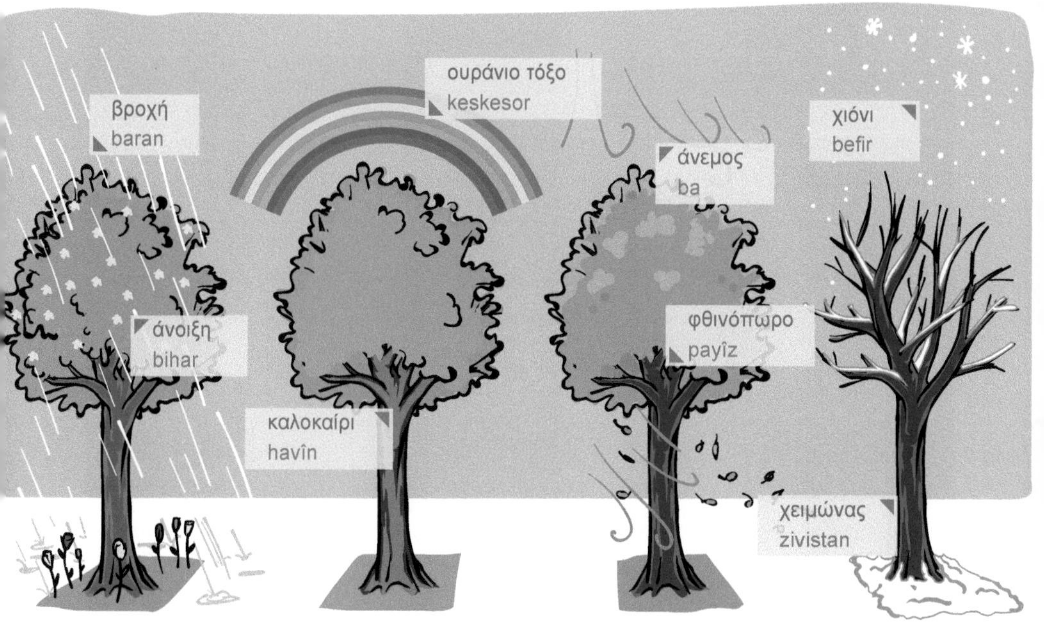

βροχή
baran
ουράνιο τόξο
keskesor
άνεμος
ba
χιόνι
befir
άνοιξη
bihar
καλοκαίρι
havîn
φθινόπωρο
payîz
χειμώνας
zivistan

4.APRIL 11°
5.APRIL 4°
6.APRIL 13°
7.APRIL 8°
8.APRIL 10°

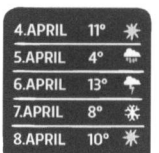

πρόγνωση καιρού
pêşbîniya hewa

F
C
120
90
60
30
0
-30
40
30
20
10
0
-10
-20

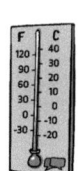

θερμόμετρο
tehnpîv

λιακάδα
tav

σύννεφο
hewr

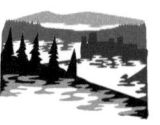

ομίχλη
mij

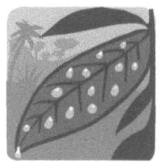

υγρασία
hêmî

αστραπή

birq

κεραυνός

brûsk

καταιγίδα

tofan

χαλάζι

terg

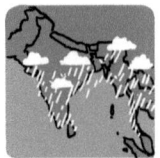

μουσώνας

mansûn

πλημμύρα

lehî

πάγος

cemed

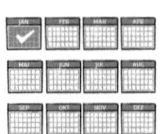

Ιανουάριος

rêbendan

Φεβρουάριος

reşeme

Μάρτιος

newroz

Απρίλιος

gulan

Μάιος

cozerdan

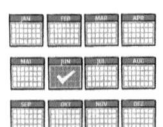

Ιούνιος

pûşper

Ιούλιος

gelawêj

Αύγουστος

xermanan

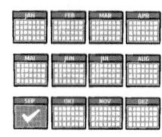

Σεπτέμβριος

rezber

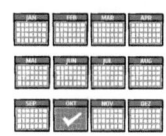

Οκτώβριος

kewçêr

Νοέμβριος

sermawez

Δεκέμβριος

befranbar

σχήματα
şêwe

κύκλος

çember

τετράγωνο

çarçik

ορθογώνιο
παραλληλόγραμμο
çarqozî

τρίγωνο

sêqozî

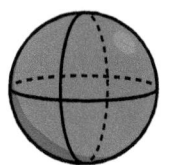

σφαίρα

qada

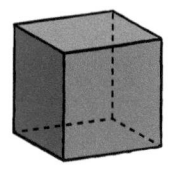

κύβος

xiştek

άσπρο

sipî

κίτρινο

zer

πορτοκαλί

pirteqalî

ροζ

pembe

κόκκινο

sor

μωβ

mor

μπλε

şîn

πράσινο

kesik

καφέ

qehweyî

γκρι

gewr

μαύρο

reş

πολύ / λίγο
zor / kêm

θυμωμένος / ήρεμος
bi hêrs / bêdeng

όμορφος / άσχημος
bedew / nerind

αρχή / τέλος
destpêk / dawî

μεγάλος / μικρός
mezin / biçûk

φωτεινός / σκοτεινός
ronî / tarî

αδελφός / αδελφή
brak / xwişk

καθαρός / λερωμένος
pagij / girêj

πλήρης / ατελής
tevî / netemam

ημέρα / νύχτα
roj / şev

νεκρός / ζωντανός
mirî / zindî

φαρδύς / στενός
fire / teng

βρώσιμος / μη βρώσιμος

xweş / nexweş

κακός / ευγενικός

nebaş / baş

ενθουσιασμένος / βαριεστημένος

bi heyecan / aciz

παχύς / λεπτός

qelew / zirav

πρώτος / τελευταίος

yekemîn / dawîn

φίλος / εχθρός

heval / dijmin

γεμάτος / άδειος

tijî / vala

σκληρός / μαλακός

req / nerm

βαρύς / ελαφρύς

giran / sivik

πείνα / δίψα

birçî / tînî

άρρωστος / υγιής

nexweş / sax

παράνομος / νόμιμος

neqanûnî / qanûnî

έξυπνος / χαζός

rewşenbîr / balûle

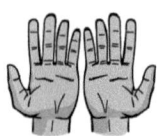

αριστερός / δεξιός

çep / rast

κοντινός / μακρινός

nêzî / dûr

καινούριος /
μεταχειρισμένος
nû / bikarhatî

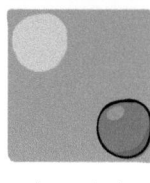

τίποτα / κάτι

hîç / tiştek

γέρος | νέος

kal / ciwan

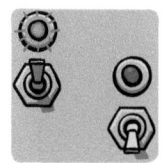

αναμμένος / σβηστός
li / ji

ανοιχτός / κλειστός

vekirî / girtî

χαμηλόφωνος /
μεγαλόφωνος
aram / dengbilind

πλούσιος / φτωχός

dewlemend / reben

σωστός / λανθασμένος

rast / şaş

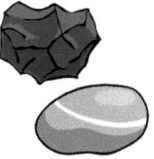

τραχύς / λείος

dirr / hilû

λυπημένος / χαρούμενος

xemgîn / şa

κοντός / μακρύς

kurt / dirêj

αργός / γρήγορος

hêdî / zû

υγρός / στεγνός

şil / ziwa

ζεστός / δροσερός

germ / hênik

πόλεμος / ειρήνη

şerr / aşitî

0	**1**	**2**
μηδέν	ένα	δύο
sifir	yek	dû

3	**4**	**5**
τρία	τέσσερα	πέντε
sê	çar	pênc

6	**7**	**8**
έξι	εφτά	οκτώ
şeş	heft	heşt

9	**10**	**11**
εννιά	δέκα	έντεκα
neh	deh	yazde

12	**13**	**14**
δώδεκα	δεκατρία	δεκατέσσερα
dazde	sêzde	çarde
15	**16**	**17**
δεκαπέντε	δεκαέξι	δεκαεφτά
pazde	şazde	hefde
18	**19**	**20**
δεκαοκτώ	δεκαεννέα	είκοσι
hejde	nozdeh	bîst
100	**1.000**	**1.000.000**
εκατό	χίλια	εκατομμύριο
sed	hezar	milyon

Αγγλικά

Inglîzî

Αμερικάνικα Αγγλικά

Inglîziya Amerîkî

Μανδαρίνικα Κινέζικα

Çînî Mandarîn

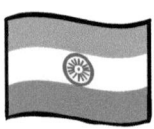

Χίντι

Hindî

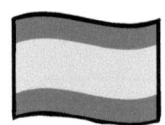

Ισπανικά

Îspanyolî

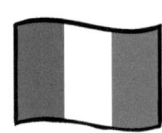

Γαλλικά

Frensî

Αραβικά

Erebî

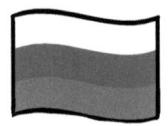

Ρώσικα

Rûsî

Πορτογαλικά

Portugalî

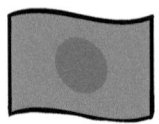

Μπενγκάλι

Bengalî

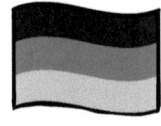

Γερμανικά

Elmanî

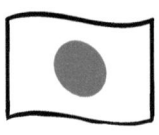

Ιαπωνικά

Japonî

εγώ

min

εσύ

tu

αυτός / αυτή / αυτό

ew / ev / ew

εμείς

em

εσείς

tu

αυτοί / αυτές / αυτά

ew

ποιος / ποια / ποιο;

kî?

τι;

çi?

πώς;

çawa?

πού;

kû?

πότε;

kengî?

όνομα

nav

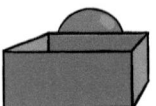

πίσω

piştî

μέσα

li

μπροστά

pêşî

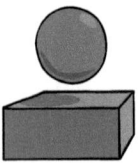

πάνω από

ser

πάνω

ser

κάτω

bin

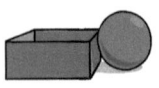

δίπλα

kêlek

ανάμεσα

navber

μέρος

cih